FUN FOOD

Neue kreative Ideen aus der Küche

VOL. 2.

INHALT

Vorwort	4
Tierisch lustig	8
Funny Brote, Brötchen & Sandwiches	40
Einfach FUNtastisch	68
Süßes zum Schmunzeln	96
Rezeptverzeichnis	126

Vorwort

Der Spaß geht weiter!

Nach den begeisterten Reaktionen auf den Vorgänger-Band und dem vielfach geäußerten Wunsch nach einem Nachfolger können wir ihn nun endlich präsentieren:

Fun Food Vol. 2 – der Spaß geht in die nächste Runde!

Auch in diesem Buch finden Sie wieder Rezepte, für die Sie keine Koch- oder Patisserie-Ausbildung benötigen und die dennoch für erstaunte und begeisterte Aaahs und Ooohs sorgen werden – ob bei der nächsten Kinderparty, beim Mädelsabend, zu Halloween oder beim Frühstück mit Ihrem Liebsten. Rezepte wie die schokoladige Ritterburg, Bananen-Lippenstifte, Augen im Glas oder Würstchen für Verliebte lassen die Bandbreite unserer Rezepte erahnen, denn schließlich ist Fun Food etwas für Groß und Klein. Hauptsache, man versteht Spaß!

Ein Extra-Kapitel widmet sich dieses Mal Brot, Brötchen und Sandwiches. Sie werden staunen, mit wie wenig Aufwand ein simples Abendbrot zum absoluten Renner wird! Ob unser „Schaffner-Teller“ oder die „Vollkorn-Eule“ – alle Rezepte sind wirklich kinderleicht und machen richtig was her!

Doch was tun, wenn man unsere Kreationen verschenken oder Freunden das Partybuffet verschönern möchte? Verrutscht und zerdrückt sollen die Kreationen schließlich nicht ankommen. Hier drei wichtige Tipps und Tricks:

Transport

1. Die Auswahl macht's

Manche Rezepte lassen sich super vorbereiten und sind zudem auch noch leicht zu transportieren, ohne aus der Form zu geraten – machen Sie Ihre Entscheidung, was Sie zur Party mitnehmen, am besten davon abhängig. Ob die „süße Blutwurst“, „Augen im Glas“, die „lustigen Amerikaner“, die „Schneemänner“, die „Glibberköpfe für Gruselfans“ oder auch unser sahniger „Fußballkuchen“: diese Rezepte sind optimal für den Transport geeignet. Sie alle lassen sich gut vorbereiten und zudem ist die Creme, wenn vorhanden, geschützt im Inneren. Anders sieht es aus bei den zuckersüßen Fiffis oder bei unseren Pandabären: Sobald die Rezepte außen einen Cremeüberzug haben, sollten Sie entweder erst vor Ort fertiggestellt werden oder aber nur die eigene Party schmücken.

2. Der Komponententransport – Fertigstellung vor Ort

Viele unserer Gerichte lassen sich wunderbar in einzelne Komponenten aufteilen, die jede für sich gut transportiert werden kann. Am Bestimmungsort lässt sich dann alles innerhalb weniger Minuten zusammenbauen. Hier ein paar Beispiele für unsere Rezepte:

Fruchtiger Haifisch: Haifischkopf aushöhlen und zurechtschnitzen. In Frischhaltefolie wickeln. Obstsalat separat im Kunststoffbehälter mitnehmen. Vor Ort alles arrangieren.

Octopussy im Fetacreme-Meer: Fetacreme zubereiten und im Kunststoffbehälter mitnehmen. Octopussy zuschnitzen, zusammen mit den Paprikaschnitzen in Folie verpackt mitnehmen. Vor Ort alles arrangieren.

Tomatige Marienkäfer: Jede Füllung vorbereiten und separat einpacken. Die Tomaten schon aushöhlen, die Deckel abschneiden, halbieren und alles ebenfalls in einen Kunststoffbehälter füllen. Die Fühler ebenfalls zuschneiden und einwickeln. Vor Ort alles zusammensetzen.

Campari-Orange mal anders: Die Orangenhälften vorbereiten und erst vor Ort in Scheiben oder Spalten schneiden.

3. Voodoo-Zauber – Festgesteckt hält's besser

Einige Rezepte sind bereits mit Holzspießchen fertigstellt – so zum Beispiel unser „Ruderboot" oder die „Gurkenschnecken". Andere wiederum können gut mit ihnen stabilisiert werden, zum Beispiel unsere „Gurkenzwerge" oder auch die „zuckersüßen Fiffis". Bei Letzteren kann der Unterbau fix und fertig und mit Holzspießchen gestärkt mit zur Party genommen werden. Die Creme sollte dann vor Ort aufgespritzt werden.

Beachten Sie allerdings, dass Holzspießchen Verletzungen verursachen können - machen Sie daher darauf aufmerksam.

Übrigens: Damit die Kreationen auf fertig dekorierten Tellern oder auf Tabletts nicht verrutschen, können sie im herzhaften Fall mit etwas Mayonnaise auf dem Untergrund befestigt werden, bei süßen Varianten mit einem Tupfen Creme, flüssiger Schokolade oder auch Honig.

Jetzt aber erst einmal viel Spaß beim Schmökern, Ausprobieren und Verkosten!

Tierisch lustig

Oktopussy im Fetacreme-Meer

Von 1 Paprikaschote die Oberseite mit Stiel glatt abschneiden. Die Schote vorsichtig putzen und entkernen, dann waschen und trocken tupfen. Im unteren Drittel der Paprika mit einem Apfelausstecher vorne 2 Löcher stechen. Dann von innen vorsichtig die Perlzwiebeln in die Öffnungen drücken. Die zweite Paprikaschote putzen, waschen, trocknen und in Streifen schneiden.

Für den Dip den Feta würfeln. Mit Magerquark und Milch pürieren. Die Knoblauchzehe schälen und dazupressen.

Schnittlauch waschen, trocken tupfen und einige Halme zur Deko beiseitelegen. Die restlichen Halme in feine Röllchen schneiden. Unter die Fetacreme rühren und alles mit Salz, Pfeffer und Paprikapulver würzen. Die Creme in eine Schale geben und wellenartig verstreichen.

Die Paprikaschote mit der Öffnung nach unten hineinsetzen. Die Olive klein hacken. Mit einem Schaschlikspieß oder Zahnstocher kleine Löcher in die Augen bohren und Olivenstückchen als Pupillen einsetzen. Nun die Paprikastreifen als Tentakeln kreisförmig um die Schote anordnen. Zum Schluss die beiseitegelegten Schnittlauchhalme dekorativ als Seegras in die Fetacreme setzen.

Für 1 Oktopus

2 rote Paprikaschoten
200 g Feta
400 g Magerquark
40 ml Milch
1 Knoblauchzehe
1 Bund Schnittlauch
Salz
Pfeffer
Paprikapulver

Außerdem

2 Perlzwiebeln aus dem Glas
1 schwarze Olive ohne Stein

Zubereitungszeit ca. 20 Minuten

Käseenten

Butterkäse und Schinken längs halbieren, sodass man von beidem 4 Streifen hat. Möhre waschen, putzen, schälen und mit dem Sparschäler 4 Streifen abschälen. Diese ganz kurz in kochendem Salzwasser blanchieren. Herausnehmen, abschrecken und abtropfen lassen.

Den Lauch waschen, putzen und 1 langes Blatt lösen. Ebenfalls blanchieren, abschrecken und abtropfen lassen. Das Blatt in 4 dünne Streifen schneiden. Die Kirschtomaten waschen, trocken tupfen und die Stielansätze herausschneiden. Einen kleinen Einschnitt machen und jeweils 1 Mandelblättchen in einen Einschnitt drücken. Die schwarze Olive grob hacken.

Jeweils 1 Scheibe Käse, Schinken und Möhre dünn mit Mayonnaise bestreichen. Übereinanderschichten und aufrollen. Mit einem Lauchstreifen umwickeln und zusammenbinden. Nun jeweils 1 Holzstäbchen vorne hineinstecken, dieses fixiert zusätzlich zum Lauch und bildet die Halterung für die Kirschtomate. Diese mit den Mandelblättchen als Schnabel aufspießen.

Für die Schwänze die krause Petersilie waschen und trocken tupfen. Mit einem Schaschlikspieß am Ende des Körpers ein Loch piksen. Je ein paar Petersilienstängel als Schwanz hineinstecken. Aus der restlichen Möhre 8 kleine Dreiecke schnitzen und als Füße unter den Körper schieben. Mit Mayonnaise und kleinen schwarzen Olivenstücken jeweils die Augen bilden.

Für 4 Käseenten

2 Scheiben Butterkäse • 2 Scheiben gekochter Schinken • 1 Möhre • Salz • 1 Stange Lauch • 4 Kirschtomaten • 4 Mandelblättchen • 1 schwarze Olive ohne Stein • ca. 4 El Salatmayonnaise • etwas krause Petersilie

Zubereitungszeit: ca. 20 Minuten

Gurken-schnecken

Für 4 Schnecken

4 Gewürzgurken
1–2 Salatblätter
1 Scheibe gekochter Schinken
ca. 1–2 Tl Salatmayonnaise
1 Scheibe Butterkäse
8 Schnittlauchhalme mit Knospen (ersatzweise 8 Mandelsplitter)

Zubereitungszeit:
ca. 10 Minuten

Die Gewürzgurken an einer Längsseite dünn begradigen, damit sie einen guten Stand haben. Das Salatblatt waschen und trocken tupfen. Den Schinken dünn mit Mayonnaise bestreichen. Darauf den Käse legen und andrücken. Erneut dünn mit Mayonnaise bestreichen und darauf das Salatblatt legen.

Alles in 4 Streifen schneiden und diese jeweils aufrollen. Mit einem Holzstäbchen auf das hintere Drittel der Gurken stecken. Vorne jeweils mit einem Holzspieß 2 Löcher piksen. Die Schnittlauchhalme auf ca. 3 cm kürzen und mit den Knospen nach oben in die Löcher stecken. Nach Bedarf den Schnecken mit Mayonnaise noch Münder malen.

Paprika-Elefant

Die grüne Paprika mit einem spitzen Messer wie abgebildet einschneiden und einen Rüssel herausformen. Dann rechts und links davon ca. 3 cm waagerecht einschneiden und auch diese Stücke herauslösen. Anschließend untenherum den Körper abschneiden, wie im letzten Step zu sehen ist. Dabei sollte möglichst sorgfältig und genau gearbeitet werden. Dann die Kerne und Trennhäute entfernen, die Paprika waschen und trocknen.

Nun mit einem spitzen Messer seitlich direkt hinter dem Kopf zwei Schlitze schneiden. Die Gurke waschen, trocknen und 2 Scheiben abschneiden. Diese als Ohren in die Seitenschlitze stecken. Nun vorn mit einem spitzen Messer 2 kleine Löcher für die Augen formen. Von innen die beiden schwarzen Oliven hineinstecken.

Für die Savannenlandschaft die Mandeln ohne Fett rösten, bis sie duften, dann abkühlen lassen. Die Schalotten und die Knoblauchzehe schälen. Mit 50 g Oliven, dem Frischkäse, dem Joghurt und dem Olivenöl pürieren. Den Zitronensaft und die Mandeln unterrühren. Alles mit Salz und Pfeffer abschmecken. Auf einem Teller verteilen. Den Elefanten hineinsetzen.

Die rote Paprika putzen, waschen, trocknen und in Streifen schneiden. Zu Büschen in die Creme stecken. Ein paar Salzstangen ebenfalls hineinstecken. Auf die Salzstangen jeweils 1 grüne Olive setzen. Die restlichen Oliven als Steine in der Creme verteilen.

Für 1 Elefant

1 grüne Paprikaschote
1 Stück Salatgurke
2 schwarze Oliven
80 g gemahlene Mandeln
2 Schalotten
1 Knoblauchzehe
200 g grüne Oliven ohne Stein
150 g Frischkäse
50 g Joghurt
2 El Olivenöl
1 Spritzer Zitronensaft
Salz
Pfeffer
1 rote Paprikaschote
einige Salzstangen

Zubereitungszeit: ca. 30 Minuten (plus ca. 15 Minuten zum Abkühlen)

Mit einem Kochlöffelstiel jeweils 5 Löcher in die Brötchen bohren. Je 2 auf den Seiten, um die Beine hineinstecken zu können, und ein schräges, tiefes Loch auf der Oberseite für den Kopf.

Das Öl erhitzen und die Nürnberger Würstchen darin ca. 4 Minuten auf jeder Seite goldbraun braten. Herausnehmen und auf Küchenkrepp abtropfen lassen. Anschließend die Würstchen als Beine und Kopf in die Brötchen stecken.

Zum Verzieren auf jeden Kopf 2 Tupfen mit Mayonnaise für die Augen setzen. Die Olive grob hacken und jeweils 2 kleine Stücke als Pupillen auf die Mayonnaisetupfen kleben. Die Schildkröten auf Salatblättern arrangieren.

Für 4 Schildkröten

4 runde Brötchen
2 El Öl
20 Nürnberger Rostbratwürstchen
Mayonnaise
1 schwarze Olive ohne Stein
4 große Salatblätter

Zubereitungszeit:
ca. 20 Minuten

Wurstschildkröte

Zucchini-Pinguin

Für 1 Pinguin

1 kleine Zucchini • 2 Maiskörner • etwas Mayonnaise • 1 schwarze Olive • 2 Möhrenscheiben

Zubereitungszeit: ca. 10 Minuten

Die Zucchini waschen, unten begradigen, sodass sie hochkant stehen kann. Nun mit einem scharfen Messer vorne am Bauch die Schale abschneiden, sodass ein Farbkontrast entsteht. Dann auf beiden Seiten dünn unter der Schale einschneiden und die so entstandenen Flügel leicht nach außen drücken. Zum Schluss oben leicht schräg die Spitze abschneiden, sodass man darauf den Kopf bilden kann.

Oben auf die Schräge mit etwas Mayonnaise die Maiskörner kleben. Von der schwarzen Olive 2 kleine runde Stücke für die Pupillen abschneiden. Mit etwas Mayonnaise auf den Mais kleben. Zum Schluss 1 Möhrenscheibe halbieren und unten als Füße anlegen. Aus der anderen 1 Dreieck herausschneiden und als Schnabel mit etwas Mayonnaise auf der Zucchini befestigen.

Obsteulen

Die Aprikosen abtropfen lassen und das Fruchtfleisch in schmale Spalten schneiden.

Die Erdbeeren waschen, putzen und halbieren. Aus 4 Hälften insgesamt 8 Spalten schneiden. Sie bilden die Krallen und die Haarbüschel der Eulen. Aus den anderen beiden Hälften 2 spitz zulaufende Dreiecke schneiden. Sie bilden die Schnäbel.

Die weiße Schokolade in einer Schüssel im Wasserbad schmelzen. Währenddessen die Birne waschen, trocknen und halbieren. Von jeder Hälfte eine dicke Scheibe abschneiden und das Kerngehäuse möglichst klein herausschneiden. Die Birnenscheiben mit der weißen Schokolade bepinseln, dabei das Loch vom Kerngehäuse auffüllen.

Die Kiwischeiben als Augen nebeneinander auf den dickeren Teil der Birne kleben. Jeweils mittig 1 Erdbeerdreieck als Schnabel darunterkleben. Oben wie abgebildet jeweils 2 Erdbeerschnitze als Federbüschel aufkleben. Am dünnen, unteren Ende jeweils quer 1 Mikadostäbchen in die Schokolade kleben.

Nun die letzten Erdbeerschnitze ein klein wenig in die restliche Schokolade dippen. So bekommen die Krallen schöne Nägel. Mit den weißen Spitzen nach unten auf das Mikadostäbchen legen.

Zum Fertigstellen die Aprikosenspalten als Flügel rechts und links der Birne drapieren. Als Pupillen einen kleinen Klecks Holunderblütenmarmelade in die Mitte der Kiwischeiben geben und je eine halbierte, blaue Traube aufkleben.

Zu den Obsteulen passt ein Quark-Dip: Dafür alle Zutaten in ein hohes Gefäß geben und pürieren. Zusammen mit weiteren Obstwürfeln mit den Eulen servieren.

Für 2 Eulen

2 Aprikosen aus der Dose • 3 Erdbeeren • 80 g weiße Schokolade • 1 große Birne • 4 Scheiben Kiwi • 2 Schoko-Mikadostäbchen • 1 Tl Holunderblütenmarmelade • 2 blaue Trauben

Für den Quark-Dip

250 g Magerquark • 100 g Crème fraîche • 2 reife Bananen • 1 P. Vanillezucker • 2 El Ahornsirup • 1 Spritzer Zitronensaft

Zubereitungszeit: ca. 25 Minuten

Für 4 Igel

4 große, reife, längliche Birnen
(z. B. Conference oder Abate Fetel)
1 El Zitronensaft
750 g kleine grüne Trauben
100 g Schokolade (nach Belieben weiße oder Zartbitterschokolade)
ca. 20 kleine Rosé-Trauben
8 Gewürznelken

Zubereitungszeit: ca. 15 Minuten

Birnen-igel

Die Birnen waschen und trocknen. Den Stielansatz belassen, die Frucht an einer Seite etwas begradigen, damit sie sicher auf einer Seite liegen kann.

Die schmaleren 2/3 der Frucht schälen. Dabei darauf achten, dass es eine gerade Linie zwischen geschälter und ungeschälter Frucht gibt und dass der Stiel erhalten bleibt. Die geschälten Stellen mit Zitronensaft bepinseln.

Die Trauben waschen, trocken tupfen und von den Reben zupfen. Die Schokolade im heißen Wasserbad schmelzen. Jede grüne Traube zur Hälfte hineintauchen. Dann einen Zahnstocher längs durchstechen, sodass er an der grünen Seite ca. 1 cm herausragt und an der Schokoladenseite etwas länger übersteht. Auf einem Kuchengitter trocknen lassen.

Die dickeren, ungeschälten Teile der Birne dicht an dicht mit den Trauben bespicken. Dafür die Trauben mit der Schokoladenseite nach unten mit den längeren Enden der Zahnstocher auf die Früchte stecken. Zum Schluss die Rosétrauben unregelmäßig auf einzelnen grünen Trauben verteilen. Sie bilden das Laub, das oft an den Igeln hängt. Zum Schluss mit den Gewürznelken die Augen bilden.

Eiereulen

Die Eier anpiksen und in kochendem Wasser hart kochen. Abschrecken, pellen und längs halbieren. Die Eigelbe vorsichtig herauslösen und mit der sauren Sahne und der Mayonnaise verquirlen. Mit Salz, Pfeffer und Currypulver würzen. Die Gewürzgurke fein hacken und darunterrühren.

Aus jeder Olive 4 schöne Scheiben für die Augen herausschneiden. Den Rest für die Pupillen grob hacken. Thai-Basilikum waschen, trocken tupfen und längs einmal falten. Das Paprikaschoten-Stück waschen, trocken tupfen und 8 Dreiecke herausschneiden, die später die Schnäbel bilden.

Die Currycreme auf die Eier verteilen. Dabei über die Mulde hinaus befüllen, aber darauf achten, dass ein weißer Rand bestehen bleibt. Nun auf jede Hälfte 2 Olivenkreise als Augen in die Creme kleben. In die Mitte kleine Olivenstücke als Pupillen setzen. Direkt mittig darunter die Paprikadreiecke kleben. Seitlich die halbierten Basilikumblätter mit der runden Seite nach außen in die Creme stecken.

Für 8 Eulen

4 Eier
150 g saure Sahne
50 g Mayonnaise
Salz
Pfeffer
Currypulver
1 Gewürzgurke

Zum Verzieren

4 schwarze Oliven ohne Stein
8 Blätter Thai-Basilikum
1 Stück rote Paprikaschote

Zubereitungszeit: ca. 15 Minuten (plus ca. 10 Minuten Kochzeit)

Für 4 Mäuse

4 Eier
4 Radieschen
etwas Dill
1/2 Tl Mayonnaise
ca. 1/2 Tl Kaviar
ca. 1/2 Tl Forellenkaviar

Zubereitungszeit:
ca. 20 Minuten
(plus ca. 10 Minuten
Kochzeit)

Eiermäuse

Die Eier anpiksen und in kochendem Wasser hart kochen. Abgießen, abschrecken und abkühlen lassen. Dann pellen.

Die Radieschen waschen. Die Wurzeln so abschneiden, dass daran noch ein kleiner Radieschenrest bestehen bleibt. Aus den restlichen Radieschen 8 dünne runde Scheiben herausschneiden. Den Dill waschen und trocken tupfen.

Die Eier am Schwanzende leicht begradigen und die Radieschenschwänze mit etwas Mayonnaise befestigen, sodass die Wurzel den Schwanz bildet. Nun am anderen Ende des Eis oben mit einem spitzen Messer zweimal einstechen. Dort jeweils die Radieschenscheiben als Ohren hineinstecken.

Mit etwas Kaviar die Augen bilden. Jeweils 1 Forellenkaviar-Ei als Nasenspitze vorne auf das Ei kleben. Vom Dill vorsichtig die Blättchen abzupfen und als Schnurrbarthaare rechts und links der Nasenspitze auf das Ei kleben.

Marienkäfer

Für eine große Marienkäfer-Kolonie

ca. 60 nicht zu kleine Kirschtomaten • Mayonnaise für die Tupfen • 120 Gewürznelken für die Augen • 1 Bund Schnittlauch für die Fühler

Für Füllung 1: Paprika-Frischkäse-Creme
100 g Frischkäse • 75 g Magerquark • 1 Tl Paprikapulver • 1 Spritzer Zitronensaft • Salz • Pfeffer

Für Füllung 2: Schnittlauch-Quark
1 Bund Schnittlauch • 150 g Speisequark (20 %) • 1 El Mineralwasser • Salz • Pfeffer

Für Füllung 3: Hüttenkäse-Knoblauch-Creme
1 Knoblauchzehe • 150 g Hüttenkäse • 75 g Crème fraîche • 1 Spritzer Zitronensaft • Salz • Pfeffer

Zubereitungszeit: ca. 50 Minuten

Für die Marienkäfer die Tomaten waschen und trocken tupfen. Die Tomaten auf einer Seite begradigen, damit sie gut stehen. Dann oben die Kappe fast ganz abschneiden, jedoch vorne, wie auf dem Foto zu sehen, ein Stück für den Kopf intakt lassen. Die Kappe längs halbieren. Die Tomaten vorsichtig mit einem Espressolöffel entkernen und auf Küchenkrepp abtropfen lassen.

Für die Paprika-Frischkäse-Creme alle Zutaten miteinander verrühren und die Creme pikant mit Salz und Pfeffer abschmecken.

Für den Schnittlauch-Quark den Schnittlauch waschen, trocken tupfen und fein hacken. Dann mit dem Quark und dem Mineralwasser cremig verrühren und alles mit Salz und Pfeffer würzen.

Für die Hüttenkäse-Knoblauch-Creme den Knoblauch schälen und durch die Presse in eine Schale drücken. Den Hüttenkäse und die Crème fraîche mit dem Zitronensaft dazurühren. Alles salzen und pfeffern.

Jede Creme vorsichtig mit einem kleinen Löffel in ca. 20 Tomaten füllen. Zum Schluss die abgeschnittenen Kappen als Flügel darauflegen. Mit Mayonnaise Tupfen auf die Flügel setzen. Vorne auf den Tomaten mit Gewürznelken die Augen bilden.

Den Schnittlauch für die Fühler waschen, trocken tupfen und in ca. 4 cm lange Stücke schneiden. Direkt hinter dem Kopf jeweils 2 Schnittlauchhalme als Fühler in die Creme setzen. Vor dem Verzehr die Nelken entfernen.

Blumenkohl-Schäfchen

Für 4 Schäfchen

4 kleine, festkochende Kartoffeln
Salz
1 Blumenkohl
1 Möhre

Für die Sauce

1–2 Bund Schnittlauch
20 g Butter
20 g Mehl
250 ml Milch
Salz
Pfeffer
Muskatnuss

Außerdem

2 schwarze Oliven ohne Stein
2 Handvoll Feldsalat

Zubereitungszeit: ca. 40 Minuten (plus ca. 20 Minuten Kochzeit)

Die Kartoffeln waschen, schälen und in Salzwasser ca. 20 Minuten gar kochen. Dann abgießen. Den Blumenkohl putzen, waschen und in einem ausreichend großen Topf in leicht gesalzenem Wasser gar kochen. Die Möhre schälen und in 8 dünne Scheiben schneiden. Die letzten 3 Minuten zum Blumenkohl geben. Alles abgießen. Den Backofen auf 100 °C vorheizen, ein Backblech mit Backpapier auslegen.

Währenddessen die Sauce zubereiten. Dafür den Schnittlauch waschen, trocken tupfen und in Ringe schneiden. Die Butter in einer Pfanne zerlassen. Das Mehl darüberstäuben und kurz aufschäumen lassen. Dann langsam die Milch dazugießen, dabei ständig mit einem Schneebesen rühren, damit keine Klümpchen entstehen. Die Sauce aufkochen und ca. 15 Minuten köcheln lassen. Mit Salz, Pfeffer und Muskatnuss würzen und den Schnittlauch unterrühren.

Aus dem Blumenkohl vorsichtig den Strunk herausschneiden. Dann den Blumenkohl vierteln und wie auf dem Bild über den Kartoffeln drapieren, sodass etwas von der Kartoffel als Kopf frei bleibt. Mit einem spitzen Messer auf beiden Seiten in den Blumenkohl kurz hinter dem Kopf einstechen und die Möhrenscheiben als Ohren hineinstecken. Die schwarzen Oliven grob hacken. Den Feldsalat putzen, waschen und trocken schleudern.

Mit einem spitzen Messer 2 kleine Löcher in den Kartoffelkopf schnitzen und die Olivenstücke als Augen hineinstecken. Die Sauce auf Teller verteilen und die Schäfchen darauf anrichten. Dazwischen mit Feldsalat ein paar Büsche formen und sofort servieren.

Wurstkrake mit Kartoffelsalat

Für 4 Portionen

1 kg festkochende Kartoffeln
4 Schalotten
60 ml Rapsöl
1 El Senf
5 El Obstessig
2 El Zucker
Salz
Pfeffer
2 Bund Schnittlauch
1 Handvoll Feldsalat
8 mittellange Wiener Würstchen
16 Gewürznelken

Zubereitungszeit: ca. 45 Minuten
(plus ca. 30 Minuten zum Kochen)

Die Kartoffeln waschen und in kochendem Wasser ca. 20 Minuten garen. Die Schalotten schälen und fein hacken. Die Kartoffeln abgießen, ausdampfen lassen und noch möglichst heiß pellen. In dünne Scheiben schneiden, mit den Schalotten in eine Schüssel geben und sofort mit dem Rapsöl übergießen.

500 ml Wasser aufkochen. Senf, Essig und Zucker hinzugeben. Über den Salat gießen, mit Salz und Pfeffer abschmecken und alles abgedeckt ca. 30 Minuten ziehen lassen. Dann den Schnittlauch waschen, trocken tupfen und in Röllchen schneiden. Darunterheben. Den Feldsalat putzen, waschen und trocken tupfen.

Die Würstchen in heißem Wasser vorsichtig erhitzen. Den Kartoffelsalat auf Teller verteilen. Die Würstchen längs mehrfach tief ein, aber nicht durchschneiden. Es sollte vorne als Kopf ein ca. 3 cm langes Wurststück intakt bleiben. Mit Gewürznelken jeweils 2 Augen bilden und die Kraken auf den Tellern drapieren. Feldsalat als Unterwasserpflanzen auf den Tellern verteilen und alles sofort servieren.

Süße Erdbeerschlange

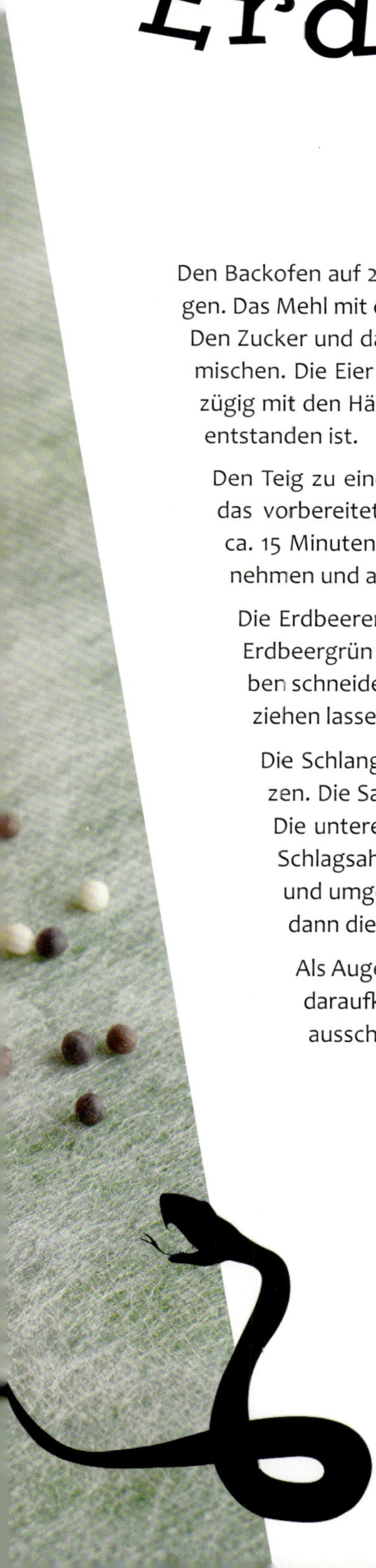

Den Backofen auf 200 °C vorheizen. Ein Backblech mit Backpapier auslegen. Das Mehl mit dem Backpulver mischen und in eine Schüssel sieben. Den Zucker und das Salz dazugeben. Die Butter in Flöckchen daruntermischen. Die Eier mit der Sahne verquirlen und dazugießen. Nun alles zügig mit den Händen verkneten, gerade so lange, bis ein glatter Teig entstanden ist.

Den Teig zu einer Rolle formen (ca. 3 cm Ø) und in Windungen auf das vorbereitete Backblech legen. Leicht platt drücken. Dann für ca. 15 Minuten auf der mittleren Schiene goldgelb backen. Herausnehmen und abkühlen lassen.

Die Erdbeeren waschen, trocknen, putzen (1 größeres Stück vom Erdbeergrün für die Zunge beiseitelegen) und die Früchte in Scheiben schneiden. Mit Zucker mischen und abgedeckt ca. 30 Minuten ziehen lassen.

Die Schlange längs halbieren und auf eine passende Platte setzen. Die Sahne mit Sahnesteif und Vanillezucker steif schlagen. Die untere Hälfte mit Erdbeerscheiben belegen. Darauf etwas Schlagsahne streichen. Dann die obere Teighälfte auflegen und umgekehrt verfahren: Erst etwas Sahne aufstreichen und dann die Erdbeeren wie Schuppen darauflegen.

Als Augen 2 Mini-Sahnetupfen aufsetzen und 2 Schokoperlen daraufkleben. Aus dem beiseitegelegten Grün einen Streifen ausschneiden und als Zunge in den Schlitz stecken.

Für 1 Schlange

Für den Teig
500 g Mehl
3 Tl Backpulver
100 g Zucker
1/2 Tl Salz
150 g Butter
2 Eier
200 ml Sahne

Für Füllung und Belag
700 g Erdbeeren
125 g Zucker
400 ml Sahne
2 P. Sahnesteif
2 P. Vanillezucker

Außerdem
2 Schokoperlen

Zubereitungszeit: ca. 30 Minuten (plus ca. 15 Minuten zum Backen und ca. 30 Minuten zum Ziehen)

Eulen-Muffins

Die Schokomuffins auf der Oberseite gegebenenfalls etwas begradigen. Schmand mit Mascarpone in eine Rührschüssel geben. Den Vanillezucker und das Kakaopulver darunterrühren, bis sich die Zuckerkristalle aufgelöst haben. Auf jeden Muffin ca. 1 El davon verstreichen, damit später die Kekse gut haften.

Die Schoko-Kekse mit einem scharfen Messer vorsichtig halbieren. Die Hälften, an denen die Füllung haften geblieben ist, nebeneinander als Augen auf die Muffins kleben. Jeweils ein braunes Smartie als Pupille in die weiße Creme drücken. Unten zwischen den Augen jeweils 1 gelbes Smartie als Schnabel hochkant in die Muffin-Oberfläche drücken.

Für die typischen Eulen-„Ohren" die restlichen Keks-Hälften zerkleinern und jeweils 2 dreieckige Stücke über die Augen kleben. Die Schokolade hacken, im heißen Wasserbad zerlassen und die „Ohren" mit etwas zerlassener Schokolade bepinseln.

Für 12 Eulen

12 Schokomuffins (FP oder Rezept Seite 124) • 100 ml Schmand • 100 g Mascarpone • 2 P. Vanillezucker • 40 g Kakaopulver • 24 doppelte Schoko-Kekse mit weißer Füllung (z.B. Oreos) • 24 braune Smarties • 12 gelbe Smarties • 50 g Zartbitterschokolade

Zubereitungszeit: ca. 20 Minuten

FRUCHTIGER HAIFISCH

Für 1 Haifisch

1 große, ovale Wassermelone • 1 Honigmelone • 1 Handvoll blaue Trauben

Zum Verzieren

ca. 10 Fruchtgummifische • 2 runde Lakritzdrops • 1 El Frischkäse • 4–5 Zahnstocher

Zubereitungszeit: ca. 30 Minuten

Die Wassermelone waschen und trocknen. Das hintere Drittel leicht schräg abschneiden, aushöhlen und beiseitelegen.

Die restliche Melone ebenfalls aushöhlen. Das Fruchtfleisch würfeln und in eine Schüssel geben. Die Honigmelone halbieren, die Kerne und Fasern entfernen, das Fruchtfleisch herauslösen und ebenfalls würfeln. Mit den Wassermelonenstücken in der Schüssel mischen. Die Trauben waschen, trocken tupfen, abzupfen und ebenfalls in die Schüssel geben.

Aus dem größeren Wassermelonenstück das Maul herausschneiden. Am einfachsten geht das, wenn man vorne an der Melonenspitze gerade herunterschneidet (ca. 15 cm) und dann schräg von der Seite die Kerbe hineinschneidet. Nun an beiden Rändern vorsichtig die grüne Schale in einem ca. 1,5 cm breiten Streifen entfernen, sodass das weiße Fruchtfleisch sichtbar wird. Dort mit einem scharfen Messer Zähne hineinritzen.

Den Haifischkopf auf eine große Platte stellen und mit den gewürfelten Melonenstücken füllen.

Aus dem kleineren, beiseitegelegten Melonenstück 2 runde (ca. 4 cm Ø) Schalenkreise ausstechen und außerdem ein Dreieck für die charakteristische Haifisch-Rückenflosse herausschneiden. Die Flosse mit 2 Zahnstochern auf dem Haifischkörper befestigen. Aus den Schalenkreisen das Fruchtfleisch entfernen und die Kreise als Augen mit der Schale nach unten mithilfe von je 1 Zahnstocher an den Haifischkopf befestigen. Mit Frischkäse je 1 Lakritzdrop als Pupille hineinkleben. Den restlichen Obstsalat zum Nachfüllen verwenden. Den Hai mit Fruchtgummifischen dekoriert servieren.

Flusspferd

Für 1 Flusspferd

1 Fleischtomate
1 Gurke
je 2 schwarze und 2 grüne Oliven ohne Stein
2 Maiskörner aus der Dose
3 Salzstangen
1/2 Tl Mayonnaise

Zubereitungszeit:
ca. 5 Minuten

Die Tomate waschen, trocknen und aus dem breitesten Stück 1 Scheibe abschneiden. Die Gurke waschen und trocknen. Dann schräg in Scheiben schneiden, bis man 2 größere, ovale Scheiben hat.

Die Tomatenscheibe auf einen Teller legen. 1 Gurkenscheibe hochkant am unteren Ende der Tomate auflegen, die andere Gurkenscheibe quer darüber. Die Mayonnaise als „Kleber“ benutzen. Die grünen Oliven an einer Längsseite etwas begradigen, sodass sie gut liegen. Dann als Augen auf die hochkant gelegte Gurkenscheibe setzen. Von 1 schwarzen Olive 2 kreisrunde Scheiben abschneiden und als Nüstern auf die querliegende Gurkenscheibe setzen. Dann 2 runde Käppchen aus der Olive schneiden und als Pupillen auf die Augen setzen. Unterhalb der Nüstern auf die untere Gurkenscheibe die beiden Maiskörner als Zähne legen. Aus der letzten schwarzen Olive 2 Spalten herausschneiden und als Ohren oberhalb der Augen anlegen.

Zum Schluss 2 Salzstangen halbieren und als Beine wie abgebildet unter die Tomatenscheibe schieben. Die letzte Salzstange als Schwänzchen ebenfalls wie abgebildet unter die Tomatenscheibe schieben. Mit einem Dip servieren.

Gurken-Häschen

Für 1 Häschen

3 Salatgurkenscheiben
2 Blätter Feldsalat
ca. 1 Tl Frischkäsecreme
1 schwarze Olive
2 Maiskörner
1 Kidneybohne
3 Schnittlauchhalme
etwas krause Petersilie

Zubereitungszeit:
ca. 5 Minuten

Die untere Gurkenscheibe auf eine Platte legen. Die 2. Scheibe unten mit etwas Frischkäsecreme bestreichen und leicht versetzt auf die untere legen. Mit der 3. Scheibe genauso verfahren, diese obenauf legen. Den Feldsalat waschen und trocken tupfen. Die Blätter zwischen die obere und mittlere Gurkenscheibe als Ohren klemmen.

Etwas Frischkäsecreme in einen Spritzbeutel mit glatter Lochtülle füllen und 2 kleine Tupfen auf die obere Gurkenscheibe als Augen spritzen. Aus der schwarzen Olive 2 kleine runde Kappen abschneiden. Je 1 davon auf 1 Frischkäseklecks als Pupille kleben.

Die Maiskörner als Zähne auf die mittlere Gurkenscheibe legen. Die Kidneybohne quer halbieren. Mit etwas Frischkäsecreme als Schnauze aufkleben. Die Schnittlauchhalme waschen, trocken tupfen und in ca. 4 cm lange Stücke schneiden. Jeweils 3 Halmstücke pro Seite an die Schnauze legen. Zum Schluss die krause Petersilie als Hasenschwänzchen anlegen.

Funny Brote, Brötchen & Sandwiches

Für 1 Fledermaus

1 Sesambrötchen
2 El feine Streichwurst (z. B. Leberwurst oder Teewurst)
2 El Frischkäse mit Kräutern
etwas Mayonnaise
1 Gurkenscheibe
4 schwarze Oliven ohne Stein
1 Kirschtomate
2 aufgetaute TK-Erbsen
etwas schwarzer Kaviar

Zubereitungszeit:
ca. 10 Minuten

Das Brötchen längs halbieren. Dann die obere Hälfte einmal quer durchschneiden. Die untere Hälfte mit Streichwurst, die beiden oberen Hälften mit Kräuterfrischkäse bestreichen. Dann die beiden Hälften wie abgebildet auf die untere Brötchenhälfte legen.

Dort, wo sich die Brötchenhälften in der Mitte berühren, etwas Mayonnaise auftupfen. Darauf die Gurkenscheibe kleben. Oben daran jeweils 2 Oliven als Ohren in die Streichwurst kleben. Unter die Gurkenscheibe 1 weitere Olive und die gewaschene und trocken getupfte Kirschtomate mit etwas Mayonnaise aufkleben.

Die verbliebene Olive in Scheiben schneiden. 2 schöne Scheiben auf der Unterseite mit etwas Mayonnaise betupfen und als Augen auf die Gurkenscheibe kleben. In die Löcher die Erbsen setzen und auf die Erbsen etwas schwarzen Kaviar als Pupille kleben. Ersatzweise kann man aus den Olivenresten der letzten Olive auch Pupillen schneiden.

Fledermaus-Brötchen

Vollkorn-Eule

Für 1 Eule

2 rechteckige Scheiben Vollkornbrot
2 Tl Butter
1 Scheibe gekochter Schinken
1 Scheibe Butterkäse
ca. 2 cm Salatgurke
Salz
Ketchup
2 Essiggurken
1 schwarze Olive
1 Radieschen

Zubereitungszeit: ca. 10 Minuten

Das Vollkornbrot dünn mit Butter bestreichen. Auf 1 Scheibe Schinken, auf die andere den Käse legen. Den Belag so umklappen, dass nichts übersteht. Die Salatgurke auf der Gemüsereibe in dünne Scheiben raspeln. 2 Scheiben beiseitelegen, die restlichen auf dem Käsebrot verteilen. Leicht salzen. Das Schinkenbrot mit dem Schinken nach unten auf das Käsebrot legen.

Von dem Brot 2 Ecken als Flügel wie auf dem Foto abschneiden. Diese dünn mit Ketchup bestreichen. Die Essiggurken auf der Gemüsereibe in dünne Scheiben hobeln und dachziegelartig auf die Flügel kleben.

Als Augen die 2 beiseitegelegten Gurkenscheiben mit etwas Ketchup auf den Eulenkopf kleben. Für die Pupillen aus der schwarzen Olive 2 kleine Stücke abschneiden und mit etwas Ketchup auf die Gurkenscheibe kleben. Zum Schluss das Radieschen waschen und trocknen. Zuerst in der Mitte eine Scheibe herausschneiden, dann daraus ein Dreieck schnitzen. Dieses als Schnabel mittig unter die Augen kleben.

Schaffner-Teller

1 Scheibe Toast mit Kräuterquark bestreichen. Das Salatblatt waschen, trocken tupfen und auf einen Teller legen. Die Kräutertoastscheibe darauflegen.

Die zweite Toastscheibe wie abgebildet dritteln. Aus der Fleischwurst 4 mittelgroße und 2 kleine Räder mithilfe von passenden Gläsern ausstechen. 2 schwarze Oliven auf 1 Längsseite etwas begradigen, sodass sie gut stehen, dann jeweils 1 Maiskorn in jedes Loch als Scheinwerfer stecken. Aus den anderen schwarzen Oliven insgesamt 6 kleine, kreisrunde Stücke herausschneiden, die später als Radkappen dienen.

Die mittlere dickere Toastbrotscheibe noch einmal quer durchschneiden, sodass 1 Stück etwa doppelt so lang ist wie das andere. Nun die schmalen Scheiben auf beiden Seiten mit etwas Mayonnaise bestreichen. Die Toastbrotstücke wie abgebildet auf dem Kräutertoast aufstellen, dabei die Seitenteile etwas andrücken.

Die Fleischwurst- und 2 Salamischeiben wie abgebildet als Räder aufkleben. Die letzte Salamischeibe halbieren und als Stoßstange um das vordere Toastbrot schlagen.

Den Cheddar quer halbieren, beide Stücke auf einer Seite mit Mayonnaise bestreichen und so an der größeren Toastbrotscheibe als Fenster festkleben. Nun die Oliven mit Mais mit etwas Mayonnaise vorne festkleben. Zum Schluss die Radkappen ebenfalls mit etwas Mayonnaise aufkleben und die Salzstange als Schornstein oben in den vorderen Lokomotivenabschnitt stecken. Die Kresse dekorativ in den Kräuterquark stecken.

Für 1 Lokomotive

2 Scheiben Toast
1–2 El Kräuterquark
1 großes Salatblatt
1–2 Scheiben Fleischwurst
4 schwarze Oliven ohne Stein
2 Maiskörner
etwas Mayonnaise
3 kleine Scheiben Salami
1/2 Scheibe Cheddar
1 Salzstange
etwas Kresse

Zubereitungszeit:
ca. 20 Minuten

Für 1 Brötchen

1 Sesambrötchen • 2 Tl Butter • 1 kleines, hart gekochtes Ei • Salz • 1 Scheibe Gouda • Mayonnaise • 4 Scheiben Salami • 1 Grissini • 1 Stück Salatgurke (ca. 10 cm, der dünnere Teil vor dem Stielansatz) • 1 schwarze Olive ohne Stein • etwas Dill

Zubereitungszeit ca. 10 Minuten

ELEFANTENBRÖTCHEN

Das Brötchen halbieren und beide Hälften dünn mit Butter bestreichen. Das Ei pellen, 2 mittlere Scheiben beiseitelegen. Den Rest auf der unteren Brötchenhälfte verteilen. Leicht salzen. Dann den Käse darauflegen, dabei den Käse so zurechtschneiden, dass er nicht übersteht.

Die obere Brötchenhälfte quer halbieren. Mit etwas Mayonnaise auf der unteren Brötchenhälfte gegeneinander aufstellen. Die Salamischeiben an einer Seite etwas begradigen und jeweils zwei Scheiben als Ohren zwischen die Brötchenhälften klemmen.

Grissini halbieren und als Stoßzähne auf das Käsebrötchen legen, sodass die Enden unter der halben Brötchenhälfte verschwinden. Die Salatgurke waschen, trocken tupfen und in Scheiben schneiden. Als Rüssel zwischen den Grissinistücken auf der unteren Brötchenhälfte auflegen und auf den Teller herunterlaufen lassen.

Mit etwas Mayonnaise die beiseitegelegten Eischeiben als Augen über den Rüssel kleben. Aus der schwarzen Olive 2 Pupillen abschneiden und mit etwas Mayonnaise auf die Eischeiben kleben. Zum Schluss den Dill waschen und trocken tupfen. 1 kleines Blattbüschel abzupfen und als Haare zwischen die Ohren stecken. Den Rest als Elefantenschwänzchen hinten unter den Käse schieben und heraushängen lassen.

Walross

Von 1 Brotscheibe die beiden schmal zulaufenden Seitenteile ca. 3 cm dick abschneiden. Sie bilden später die Schnauze. Diese Stücke mit Butter bestreichen. Die nicht durchgeschnittene Scheibe mit Kräuterfrischkäse bestreichen. Die beiden Seitenstücke mit der Butter nach unten auf den Käse legen. Dann mit einem scharfen Messer exakt die Kontur nachfahren. Die ganze Scheibe auf Graved Lachs legen. Ebenfalls mit einem scharfen Messer exakt ausschneiden. Etwas Lachs für Schwanz und Flossen beiseite stellen.

Das Salatblatt waschen und trocken tupfen. Auf einen Teller legen. Die mit Lachs belegte Scheibe darauflegen, sodass der Salat hübsch übersteht. Nun die Brotstücke mit Käse gegeneinander darauflegen, wie auf dem Foto abgebildet. 1 Stück Lachs als Schwanz anlegen, mit einem anderen kleinen Stück die Flosse formen.

Die Mozzarella-Kugeln unten etwas begradigen, dann als Augen über die Schnauze setzen. Aus der Olive 2 kleine Kreise ausschneiden und als Pupillen auf den Mozzarella legen. Die Kirschtomate waschen und putzen, ebenfalls etwas begradigen und als Schnauze auf den Bart stellen. Den Schnittlauch in ca. 5 cm lange Stücke schneiden und unter die Kirschtomate legen.

Für 1 Walross

2 Scheiben ovales Mischbrot
1 Tl Butter
1/2 Scheibe Butterkäse
1 El Frischkäse
ca. 50 g Graved Lachs
1 Salatblatt
2 Minikugeln Mozzarella
1 schwarze Olive
1 Kirschtomate
2 Schnittlauchhalme

Zubereitungszeit:
ca. 10 Minuten

Für 1 Pfau

1 Sesambrötchen • 2 Tl Butter • 1 Blatt Friséesalat • etwas Salatmayonnaise • 1 große, dünne Scheibe gekochter Schinken • 1 Gewürzgurke • 1 Scheibe Gouda • 1 gelbe Kirschtomate • 1 schwarze Olive • 1 Salzstange

Zubereitungszeit: ca. 10 Minuten

Schöner Pfau

Das Brötchen halbieren. Beide Hälften dünn mit Butter bestreichen. Das Salatblatt waschen und vorsichtig trocken tupfen. So auf die untere Brötchenhälfte legen, dass es oben und an den Seiten schön herausschaut, unten jedoch nicht.

Das Salatblatt ganz dünn mit Salatmayonnaise bestreichen. Vom Schinken den Fettrand abschneiden, dann in leichten Falten auf das Salatblatt legen. Auch er soll oben und seitlich über das Brötchen ragen, allerdings soll das Salatblatt noch zu sehen sein. Die Gewürzgurke in dünne Streifen schneiden. Diese strahlenförmig auf den Schinken legen, sodass sie seitlich und oben etwas aus dem Brötchen herausschauen. Vom Käse eine kleine Ecke für den Schnabel abschneiden, dann die restliche Scheibe in dünne Streifen schneiden. Die Käsestreifen auf den Essiggurken anordnen.

Die obere Brötchenhälfte wie abgebildet auflegen. Die Tomate waschen, trocknen und halbieren. Mit etwas Mayonnaise als Kopf auf die Oberseite des Brötchens kleben. Darauf 2 kleine Mayonnaisetupfen als Augen setzen. Von der schwarzen Olive 2 kleine runde Kappen abschneiden und als Pupillen daraufsetzen. Darunter die Käseecke als Schnabel anlegen. Zum Schluss die Salzstange halbieren und als Beine zwischen das Brötchen klemmen.

Herzhaftes Bonbon

Für 1 Bonbon

1 große ovale Scheibe Brot
1 großes Salatblatt
1 Scheibe gekochter Schinken
1 Scheibe Käse
2 El Remoulade
Mais- und Erbsenkörner
aus der Dose
1 schwarze Olive

Zubereitungszeit: ca. 15 Minuten

Die Brotscheibe mit der gerade Seite nach unten auf die Arbeitsfläche legen. Auf beiden Seiten knapp 1 Drittel abschneiden. Das Salatblatt waschen, trocken tupfen und auf einen Teller arrangieren. Vom Schinken 1 Stück herausschneiden, das etwas kleiner ist als die mittlere Brotscheibe. Bei sehr dünn geschnittenem Schinken 2 Scheiben ausschneiden. Vom Käse 2 Stücke ausschneiden, die an der breiten Seite etwas länger sind als die seitlichen Brotscheiben. Die breiten Seiten mit einem scharfen Messer zickzackförmig einkerben.

Die Brotstücke mit Remoulade bestreichen. Auf das mittlere Stück den Schinken legen, auf die äußeren Stücke den Käse. Nun wie abgebildet auf dem Salatblatt aneinanderlegen.

Zum Verzieren in der Mitte des Schinkens einen Tupfen Remoulade setzen. Kreisförmig nun Maiskörner daraufkleben. In die Mitte kommt ein kleines Stück der schwarzen Olive. Drumherum werden in die Remoulade nun Erbsen geklebt. Die Seitenteile werden ebenfalls mit Erbsen verziert. Maiskörner auf die Käsespitzen kleben.

Für 1 Fisch

1 großes Blatt Friseesalat
1 große, ovale Scheibe Mischbrot
2 El Frischkäse
1,5 Scheiben geräucherter Lachs
1/4 rote Paprikaschote
2 Gurkenscheiben
etwas Honigsenf
1 Tl schwarzer Kaviar
2 Schnittlauchhalme

Zubereitungszeit: ca. 15 Minuten

Paprikafisch

Das Salatblatt waschen und trocken tupfen. Auf einen ausreichend großen Teller legen. Die Brotscheibe mit Frischkäse bestreichen. Mit der geraden Seite nach unten vor sich hinlegen. Von der rechten Seite 1/4 der Scheibe abschneiden, um 180 ° drehen und mit der runden Seite an die Schnittstelle der größeren Scheibe anlegen. Dieses Brotstück bildet die Schwanzflosse. Den Fisch auf das Salatblatt legen.

Die halbe Lachsscheibe auf die Schwanzflosse auflegen. Die ganze Lachsscheibe einmal umklappen. Mit der runden Seite zum Brot hin wie abgebildet auflegen. Es soll die linke Brotseitenspitze bedecken und den Fischkopf bilden.

Die Paprika waschen, trocken tupfen und mit einem Kerngehäuse-Ausstecher runde Kreise ausstechen. Aus den Gurkenscheiben ebenfalls Kreise ausstechen. Beide Gemüsesorten wie abgebildet in Längsstreifen auf den Fischkörper legen.

Zum Schluss auf den Kopf einen Tupfen Honigsenf geben. Einige Kaviarkugeln als Auge auflegen. Die Schnittlauchhalme waschen, trocken tupfen, dritteln und wie abgebildet auf die Schwanzflosse drapieren. Daneben auf der Schwanzflosse dekorativ den restlichen Kaviar verteilen.

Wilder Löwe

Für 1 Löwen

1 Blatt Friséesalat • 2 Scheiben Toastbrot • 1 El Leberwurst • 1 Tl Butter • 1 Scheibe Tilsiter • 1 hart gekochtes Wachtelei • 1 schwarze Olive • etwas Remoulade • 1 Radieschen • 6 Schnittlauchhalme • 1 Stück gelbe Paprikaschote • etwas Dill

Zubereitungszeit: ca. 10 Minuten

Das Salatblatt waschen, trocken tupfen und auf einem Teller arrangieren. Es bildet später die Löwenmähne. 1 Toastbrotscheibe mit Leberwurst bestreichen. Etwas Leberwurst für die Ohren übrig lassen. Die Toastscheibe auf dem Salatblatt arrangieren, sodass eine Ecke nach oben zeigt und die gegenüberliegende Ecke das Löwenkinn bildet.

Die zweite Toastbrotscheibe wie in den Steps abgebildet zerteilen. Aus dem mittleren Stück 2 Kreise ausstechen. Sie bilden die Ohren. Die beiden äußeren Stücke bilden die Schnauze. Schnauze und Ohren mit der Butter bestreichen. Dann die Schnauze mit der Butter nach unten auf den Tilsiter legen. Mit einem scharfen Messer ausschneiden, sodass kein Käse übersteht. Vorsichtig umdrehen und wie auf dem Foto das Maul zusammensetzen. Die Brotkreise mit der restlichen Leberwurst bestreichen. 2 kleine Kreise aus den Käseresten ausstechen und auf die Leberwurst kleben. Als Ohren an den Löwenkopf anlegen.

Das Wachtelei pellen und längs halbieren. Mit der Schnittfläche nach unten als Augen auf den Kopf oberhalb des Mauls legen. Aus der schwarzen Olive 2 ovale Kappen abschneiden. Mit etwas Remoulade als Pupillen auf die Wachteleier kleben.

Das Radieschen waschen und trocknen. Unten etwas begradigen und als Nasenspitze oben auf die Schnauze legen. Die Schnittlauchhalme als Schnurrbarthaare darunter anlegen, gegebenenfalls die Halme etwas kürzen. Aus der Paprikaschote 2 scharfe, lange Löwenzähne schneiden. Diese an das Maul legen. Zum Schluss aus Dill etwas Fell zwischen die Ohren zaubern.

Katerfrühstück

Das Graubrot zuerst mit Senf, dann mit Frischkäse bestreichen. Mit Räucherlachs belegen, sodass nichts übersteht. Das Brot sehr schräg wie abgebildet durchschneiden, sodass zwei tropfenförmige Hälften entstehen. Die Hälften anschließend mit den dicken, runden Seiten (= Brotscheibenaußenränder) nach unten versetzt übereinander legen. Die spitzen Brotecken zeigen nach oben, sie bilden die Öhrchen des Katers. Den Katerkopf auf einen Teller legen.

Nun die Eischeiben als Augen mit etwas Mayonnaise aufkleben. Darauf etwas schwarzen Kaviar als Pupillen setzen.

Die Gurkenscheiben mit etwas Mayonnaise als Schnauze aufkleben. Die Tomate waschen, putzen und halbieren. Mit der gerade Seite nach unten als Nasenspitze aufsetzen.

Die Kräuter waschen und trocken tupfen. Die Schnittlauchhalme halbieren und je 3 Stücke rechts und links als Schnurrbarthaare unter die Tomate klemmen. Vom Dill etwas abzupfen und vorsichtig bei den Ohren als Härchen in den Lachs stecken. Dafür mit einem spitzen Messer vorher leicht einschneiden.

Für 1 Kater

1 große, ovale Scheibe Graubrot
2 Tl Honigsenf
2 El Frischkäse
1–2 Scheiben Räucherlachs
2 Scheiben hart gekochtes Ei
etwas Mayonnaise
etwas schwarzen Kaviar
2 Gurkenscheiben
1 Kirschtomate
1 Stängel Dill
3 Stängel Schnittlauch

Zubereitungszeit:
ca. 10 Minuten

Käsefüße für Mini-Kannibalen

Für 1 Fuß

2 Scheiben Roggenbrot
1 Scheibe Käse
2 Tl Butter
1 große Tomate (in etwa so groß wie
1 Mozzarellakugel)
3 Scheiben Mozzarella
1 hart gekochtes Wachtelei

Zubereitungszeit: ca. 10 Minuten

Aus 1 Brotscheibe einen Fuß ausstechen. Wer keinen Ausstecher hat, der zeichnet erst auf Fotokarton die Umrisse eines Fußes und schneidet diesen dann aus. Dann die Form auf das Brot legen und mit einem scharfen Messer exakt darum herumfahren. Ebenso mit dem Käse verfahren. Die Brotscheibe erst mit 1 Tl Butter bestreichen, dann mit dem Käse belegen. Auf einen Teller legen.

Aus der anderen Brotscheibe 3 Kreise ausstechen, die in etwa den Durchmesser der Tomate haben. Die Tomate waschen, trocknen und 3 Scheiben aus dem Mittelteil schneiden. Die Brotkreise mit der restlichen Butter bestreichen. Dann abwechselnd mit Tomaten- und Mozzarellascheiben stapeln, dabei die einzelnen Lagen leicht salzen. Als Bein auf dem Fuß anlegen.

Zum Schluss das Wachtelei pellen, und an 1 Seite begradigen. Als Knochen oben auf das Bein legen. Nach Belieben das Bein mit einem langen Holzstäbchen stabilisieren. Aus den Tomatenresten 5 kleine Kappen abschneiden und als Fußnägel auf die Zehen legen.

Lustiger Hornochse

Für 1 Burger

2 Tl Öl • 1 Fischfrikadelle (FP) • 1 Sesambrötchen • 1 El Remoulade • 1 Tl Ketchup • 2 Kirschtomaten • 1 Zitronenscheibe • 1 schwarze Olive ohne Stein • etwas Mayonnaise • 1 Gurkenscheibe • 4 Salzstangen • 1 Zweig glatte Petersilie

Zubereitungszeit: ca. 15 Minuten

Das Öl erhitzen und darin die Fischfrikadelle von beiden Seiten goldgelb braten. Währenddessen das Sesambrötchen aufschneiden. Die Unterseite mit Remoulade bestreichen und auf einen Teller legen. Aus der Oberseite 3 gleich dicke Stücke schneiden.

Die Fischfrikadelle auf die Brötchenunterseite auflegen. Die äußeren beiden Brötchenstücke der Oberseite wie abgebildet als Maul auf die Frikadelle legen. Vorher die Schnittseiten mit Ketchup bestreichen.

Die Kirschtomaten waschen, trocknen und die Stielansätze entfernen. Etwas begradigen und die Tomaten als Augen über das Maul legen. Das letzte Brötchenstück wie abgebildet als Hörner oberhalb der Augen anlegen.

Die Zitronenscheibe halbieren und als Ohren mit der Rundung nach unten neben die Augen anlegen. Aus dem Olivenmittelstück 3 Scheiben herausschneiden. 2 davon als Pupillen mit Mayonnaise auf die Tomaten kleben. Aus der Gurkenscheibe ein länglich-ovales Stück herausschneiden. Als Zunge zwischen die unteren Brötchenstücke klemmen.

Die Salzstangen als Beine unter das Brötchen legen. Aus der letzten Olivenscheibe 4 gleich große Stücke schneiden und als Hufe unter die Beine anlegen. Zum Schluss aus Petersilie 1 Stück als Haarbüschel auf das obere Brötchen legen sowie 1 Stück mit längerem Stiel als Schwanz. Lustig ist auch 1 Stück Petersilienblatt an der Gurkenzunge.

Hot Dog

Das Würstchen langsam in heißem Wasser erhitzen. Das Brötchen längs halbieren. Beide Hälften mit Ketchup bestreichen. Die Schalotte schälen und in dünne Scheiben hobeln. Auf der Brötchen-Unterseite verteilen. Die Tomate waschen, trocknen und den Stielansatz entfernen. 1 ovales Schalenstück abschneiden. Als Zunge beiseitelegen. Die restliche Tomate in dünne Scheiben schneiden.

Die Tomatenscheiben auf der Brötchen-Unterseite verteilen, salzen und pfeffern. Die gelbe Paprikaschote putzen, waschen, trocknen und die Frucht halbieren. 2 kreisrunde Stücke als Augen herausschneiden. Das heiße Würstchen auf die Tomatenscheiben legen, sodass es an einer Seite als Schwanz aus dem Brötchen heraussteht. Die Brötchen-Oberseite auflegen und leicht andrücken. Die Tomatenzunge auf der gegenüberliegenden Seite wie auf dem Foto zwischen die Brötchenhälften klemmen.

Die gelben Paprikastücke als Augen mit etwas Ketchup aufkleben. Aus 1 schwarzen Olive 2 kleine runde Kappen abschneiden. Mit Ketchup als Pupillen auf die Paprikastücke kleben. Zum Schluss als Schnauze die zweite Olive quer halbieren und 1 Hälfte auflegen. Mit Ketchup fixieren. Den Schmelzkäse in 2 Dreiecke teilen. Auf jeder Seite direkt hinter den Augen 1 Dreieck anlegen, sodass 1 Spitze nach oben zeigt und der Käse unten gerade abschließt. Dann die hintere Ecke nach vorne umklappen, so bekommt der Hund Schlappohren. Die Schnittlauchhalme halbieren und als Schnurrbarthaare unter die Nasenspitze anlegen.

Für 1 Hot Dog

1 Bockwürstchen
1 Hot-Dog-Brötchen
2 El Ketchup
1 Schalotte
1 Eiertomate
Salz
Pfeffer
1 Stück gelbe Paprikaschote
2 schwarze Oliven ohne Stein
1 Scheibe Schmelzkäse
3 Schnittlauchhalme

Zubereitungszeit: ca. 15 Minuten

Für 1 Brotscheibe

1 großes Salatblatt
1 Scheibe Mischbrot
2 El Avocadocreme
etwas Dill
3 grüne Oliven ohne Stein
2 kleine Datteltomaten
etwas Mayonnaise

Zubereitungszeit: ca. 10 Minuten

Das Salatblatt waschen, trocken tupfen und auf einem Teller arrangieren. Das Brot mit Avocadocreme bestreichen. Den Dill waschen, trocken tupfen und von den Stängeln zupfen. An der Stelle auf dem Brot drapieren, auf der die Pilze stehen sollen.

Die Oliven auf 1 Seite etwas begradigen, dann mit der Schnittstelle nach unten auf dem Dill in die Avocadocreme drücken. Die Tomaten waschen, trocken und die Stielansätze entfernen. Die Früchte halbieren. 1 Tomatenhälfte naschen, die anderen 3 vorsichtig aushöhlen. Auf die Oliven setzen. Mit Mayonnaise-Tupfen verzieren.

Zwergenpilze

Für 1 Affen

1 Sesambrötchen
2 Tl Butter
2 Scheiben Fleischwurst
5 Gurkenscheiben
Salz
etwas Remoulade
1 Radieschen
1 schwarze Olive ohne Stein
einige Maiskörner

Zubereitungszeit ca.10 Minuten

FLEISCHWURST-AFFE

Das Brötchen längs halbieren. Beide Hälften mit Butter bestreichen. Auf die untere Hälfte 1 Scheibe Fleischwurst legen. 3 Gurkenscheiben darauflegen, leicht salzen und mit der zweiten Scheibe Fleischwurst bedecken.

Die obere Brötchenhälfte quer halbieren. Eine Hälfte mit der kleineren Schnittkante nach unten auf das Brötchen stellen. Die andere Hälfte wie abgebildet daranlegen. Die restlichen 2 Gurkenscheiben mit etwas Remoulade als Ohren dazwischen klemmen. Das Radieschen waschen, trocknen, halbieren und als Augen zwischen die Ohren auflegen. Mit etwas Remoulade fixieren.

Aus dem mittleren Teil der Olive 2 Ringe ausschneiden. Diese als Nasenlöcher mit etwas Remoulade vorne auf das Brötchen kleben. 2 kleine Kappen aus den Olivenresten schneiden und als Pupillen auf die Radieschenhälften legen. Zum Schluss die Maiskörner vor die aufgelegte Brötchenhälfte legen, sie bilden die Zähne.

Brot-Dorf

Haus 1

Beide Brotscheiben dünn mit Butter bestreichen. Dann die Teewurst auf 1 Scheibe verteilen. Diese als Haus auf einen Teller legen. Die andere Scheibe so halbieren, dass 2 Dreiecke entstehen. 1 Dreieck an das Haus legen und mit geraspeltem Käse bedecken, sodass es aussieht wie ein Reetdach. Etwas Käse für die Gardinen zurückbehalten.

Salzstangenstückchen nebeneinander als Türe anlegen. 1 Salzstange halbieren und wie abgebildet als Schornstein an das Dach anlegen. Aus den anderen Salzstangen die Fenster bilden. Mit etwas geraspeltem Käse die Gardinen nachzeichnen. Die Tomatenscheibe mittig als Dachfenster auf das Hausdach legen.

Haus 2

1 Scheibe Pumpernickel mit etwas Butter bestreichen. Umgekehrt auf den Tilsiter legen und mit einem scharfen Messer exakt die Umrisse nachfahren. Vorsichtig umdrehen. Dies ist das Haus. Die andere Brotscheibe mit der restlichen Butter bestreichen. So halbieren, dass 2 Dreiecke entstehen. 1 Dreieck als Dach anlegen. Das Würstchen in dünne Scheiben schneiden und dachziegelartig auf das Dach legen.

Aus dem verbliebenen Dreieck den Schornstein sowie die Haustüre ausschneiden. Die Haustüre mit der Butterseite nach unten auf den Tilsiter legen. Den Schornstein mit der Butter nach oben anlegen. 3 Schnittlauchhalme hacken und den Schornstein damit bestreuen. Mit den restlichen Schnittlauchhalmen die Fenster legen. Dafür die Halme nach Bedarf kürzen.

Für Haus 1

2 Scheiben quadratisches Roggenbrot
1 Tl Butter
1 El Teewurst
2 El geraspelter Käse
ca. 7 Salzstangen
1 Tomatenscheibe

Für Haus 2

2 rechteckige Scheiben Pumpernickel
1 Tl Butter
1 Scheibe Tilsiter
1/2 Bockwürstchen
ca. 5 Schnittlauchhalme

Für Haus 3

2 Scheiben Toastbrot
1 Tl Butter
1 Scheibe Kochschinken
1 Scheibe Butterkäse
3 Gewürzgurken
1 Scheibe hart gekochtes Ei
Salz

Zubereitungszeit: pro Haus 5–10 Minuten

Haus 3

1 Scheibe Toastbrot mit etwas Butter bestreichen. Dann umgekehrt auf den Schinken legen. Mit einem scharfen Messer exakt die Kontur nachschneiden. Das Brot vorsichtig umdrehen. Diese Scheibe bildet das Haus. Für das Dach die andere Scheibe Toastbrot so halbieren, dass 2 Dreiecke entstehen. 1 Dreieck mit der restlichen Butter bestreichen und auch wieder umgekehrt auf den Käse legen. Exakt die Kontur nachfahren, sodass nichts übersteht, dann vorsichtig umdrehen und als Dach anlegen.

Aus 1 Gewürzgurke dünne Streifen schneiden. Damit ein Fenster bauen. Die Gewürzgurkenstücke dafür nach Bedarf kürzen. Die restlichen Gürkchen in breite Scheiben schneiden. Diese zu Rechtecke begradigen und daraus die Fensterläden, die Eingangstüre sowie den Schornstein wie auf dem Foto anlegen.

Die Eischeibe mittig auf das Dach als Dachfenster legen. Das Ei mit etwas Salz bestreuen.

Einfach FUNtastisch

Für 4 Blumen

4 Stängel Thai-Basilikum
2 Bockwürstchen
1 El Öl
4 kleine Eier
Salz

Zubereitungszeit:
ca. 10 Minuten
(plus ca. 10 Minuten
zum Braten)

Wurstblume

Das Basilikum waschen und trocken tupfen. Die Stängel auf einem ausreichend großen Teller arrangieren. Die Würstchen längs halbieren. Die Hälften längs im Abstand von ca. 3 mm von jeweils 1 Seite mit einem scharfen Messer ein-, aber nicht durchschneiden.

Das Öl erhitzen. Die Würstchen mit der eingeschnittenen Seite nach außen kreisrund anordnen. Falls die Würstchen nicht halten, mit einem Zahnstocher zusammenstecken. In die Pfanne geben und sofort jeweils 1 Ei in die Mitte gleiten lassen. Leicht salzen.

Die Eier bei mittlerer Temperatur stocken lassen. Dann vorsichtig mit einem Pfannenwender aus der Pfanne heben und am Ende der Basilikumstängel als Blüten platzieren.

Würstchen-Amor

Für 3 Herzen

3 große Basilikumblätter
3 Holzstäbchen
3 kleine Wiener Würstchen

Zubereitungszeit:
ca. 5 Minuten

Das Basilikum waschen und trocken tupfen. Jeweils 1 Basilikumblatt leicht wellig (wie eine Gardine) auf 1 Holzstäbchen aufstecken. Dabei die Blattspitze nach außen zeigen lassen.

Die Würstchen sehr schräg halbieren. Die Schnittflächen so aneinandersetzen, dass ein Herz entsteht. Dieses mit dem Holzstäbchen wie Amors Pfeil durchstechen. Mit den anderen Würstchen genauso verfahren.

Besonders hübsch: Dazu Herz-Tomaten arrangieren: Für 1 Herz 2 Datteltomaten sehr schräg halbieren. Die kleineren Hälften naschen, die größeren an den Schnittflächen so aneinandersetzen, dass wiederum ein Herz entsteht. Ebenfalls mit Holzstäbchen feststecken.

Gurken-Ruderboot

Die Salatgurke waschen, trocknen und längs halbieren. Die gewölbte Seite etwas begradigen, damit die Gurke einen stabilen Stand hat. Die Innenseite mit einem Teelöffel leicht aushöhlen.

Die Kirschtomaten waschen, trocknen und eine kleine Kappe abschneiden. Die Kappen beiseitelegen und die Tomaten hintereinander in der Gurke verteilen. Die abgeschnittene Seite zeigt nach oben.

Die Cornichons längs halbieren. Jeweils ein halbes Gürkchen als Schulter- und Armpartie auf die Tomaten legen. Darauf jeweils 1 Mini-Mozzarella als Kopf stellen. Zum Schluss die Tomaten-Kappen als Hütchen auflegen. Alles mit Holzstäbchen feststecken. Die halbierten Grissini jeweils paarweise als Ruder an eine Tomate anlegen. Das hintere Männchen ist der Steuermann.

Für 1 Ruderboot

1 Salatgurke
8 Kirschtomaten
4 Cornichons
8 Mini-Mozzarella-Kugeln
7 Grissini

Zubereitungszeit: ca. 10 Minuten

Tipp

Bei der Besatzung des Bootes kann nach Herzenslust variiert werden. Hier 2 Vorschläge:

1. Sie können die Besatzung auch mit dunklen und grünen Weintrauben bauen. Die dunklen Trauben sollten dabei größer sein als die grünen. Als Schulter- und Armpartie schmeckt in diesem Fall schnittfester Käse, der in passende Stücke geschnitten wird.
2. Eine weitere Kombination: Radieschen als Körper und Wachteleier als Köpfe. In diesem Fall ist es lustig, die Wurzel-Teile der Radieschen als Kappen zu nehmen und als Zipfelmützen auf die Wachteleier zu stecken.

Würstchen für Verliebte

Die Würstchen längs einschneiden, jedoch nicht durchschneiden, sondern ca. 2 cm intakt lassen. Dann die aufgeschnittenen Enden rechts und links nach außen umbiegen und unten wieder zusammenfassen, sodass eine Herzform entsteht. Mit Zahnstochern fixieren.

Das Öl in einer Pfanne erhitzen. Die Wurst-Herzen vorsichtig hineinlegen und anbraten. Dann die Eier aufschlagen und in jedes Herz 1 Ei gleiten lassen. Mit Salz und Pfeffer würzen. Auf kleiner Hitze so lange braten, bis die Eier gestockt sind.

Die Herzen vorsichtig aus der Pfanne heben und auf einem Teller arrangieren. Mit Ketchup weitere Herzen auf den Teller spritzen.

Für 2 Herzen

2 Wiener Würstchen
1 Tl Öl
2 Eier
Salz
Pfeffer
Ketchup

Zubereitungszeit: ca. 5 Minuten
(plus ca. 10 Minuten zum Braten)

Tipp: Dieses Rezept lässt sich vielfach variieren. Hier ein paar Vorschläge

1. Wer lieber Rührei mag, kann die Würstchen selbstverständlich auch mit Rührei füllen. Dafür die Eier verquirlen, salzen, pfeffern und nach Belieben noch gehackten Schnittlauch oder gehackte Petersilie unterrühren. In die Herzen füllen und bei geringer Hitze stocken lassen.

2. Statt Herzen können auch sehr gut Blüten gebacken werden. Dafür aus möglichst großen, bunten Paprikas aus dem dicken, oberen Teil ca. 1 cm dicke Ringe herausschneiden. Diese von den Trennhäuten und Kernen befreien, waschen und trocken tupfen. Dabei behutsam vorgehen, denn die Ringe dürfen nicht brechen. Die Ringe in die heiße Pfanne legen, dann in jeden Ring 1 kleines Ei gleiten lassen.

3. Auch Gemüsezwiebeln eignen sich als Spiegelei-Former. Hierfür die Zwiebel schälen und in dicke Scheiben schneiden. Die inneren Zwiebelringe entfernen, sodass nur 1 großer dicker äußerer Ring bestehen bleibt. Diesen von beiden Seiten zuerst goldbraun in der Pfanne anbraten, dann 1 kleines Ei hineingleiten lassen. Salzen, pfeffern und z.B. in Form von Olympischen Ringen auf einer Platte arrangieren.

Heiße Blutsuppe aus kalter Hand

Die Tomaten waschen, die Stielansätze entfernen und die Früchte grob hacken. Die Zwiebeln und die Knoblauchzehe schälen und hacken. Das Olivenöl in einem ausreichend großen Topf erhitzen.

Zwiebelwürfel darin unter Rühren ca. 10 Minuten dünsten. Den Knoblauch dazugeben. Kurz anschwitzen, dann die Tomaten mit 250 ml Wasser oder Gemüsefond dazugeben. Thymian waschen, trocknen und die Blättchen abzupfen. Zusammen mit den Lorbeerblättern in die Suppe geben. Alles salzen, pfeffern und ca. 25 Minuten köcheln lassen. Währenddessen den Backofen auf 200 °C vorheizen.

Den Blätterteig leicht antauen lassen. Aus jeder Platte 5 Streifen schneiden. Jeweils 1 Streifen etwas kürzen. Daraus den Daumen basteln. Auf jeden „Finger" vorne 1 Mandel drücken. Die Finger sacht in Form drücken. Eigelb mit Sahne verquirlen und die Finger dünn damit bestreichen. Mit Sesamsaat bestreuen und wie auf der Abbildung um eine feuerfeste Henkeltasse legen.

Die Tassen für ca. 20 Minuten in den heißen Ofen stellen oder legen, bis der Blätterteig schön aufgegangen ist. Vorsichtig herausnehmen. Aus der Suppe die Lorbeerblätter entfernen, die restliche Suppe pürieren. Mit Salz, Pfeffer und Aceto balsamico abschmecken. Die Suppe in die Tassen füllen. Mit Sahne 3 Kreise in die Suppe gießen. Diese mit einem Holzstäbchen spinnennetzartig verbinden, dafür mit dem Stäbchen von innen nach außen fahren. Sofort servieren.

Für 4 Portionen

Für die Suppe
1,5 kg reife Tomaten
2 Zwiebeln
1 Knoblauchzehe
2 El Olivenöl
250 ml Wasser oder Gemüsefond
4 Zweige Thymian
3 Lorbeerblätter
Salz
Pfeffer
Aceto balsamico

Für die Hände
4 Platten TK-Blätterteig
20 Mandeln
2 Eigelb und 2 El Sahne zum Bestreichen
2 El Sesamsaat zum Bestreuen

Außerdem
ca. 100 ml Sahne zum Verzieren

Zubereitungszeit:
ca. 45 Minuten (plus ca. 20 Minuten zum Backen)

Forellenmousse-Zwerge

Die Gurke waschen und trocken tupfen. Die Enden entfernen, den Rest in 6 gleich lange Stücke schneiden. Aus jedem Stück zunächst einen Kegel herausschneiden. Dafür jedes Stück mit einem spitzen Messer kreisrund und spitz einkerben. Diese Hütchen vorsichtig herausheben. Auf der breiten Seite leicht einkerben, auf der spitzen Seite mit einem Zahnstocher 1 Loch hineinpiksen. Dort hinein kleine Dillzweiglein stecken. Anschließend die Hütchen erst einmal beiseitestellen.

Die restlichen Gurkenstücke vorsichtig weiter aushöhlen, allerdings sollten sie unten auf jeden Fall noch einen Boden haben. Mit dem Boden nach unten aufstellen.

Das Forellenfilet mit 60 ml Sahne pürieren. Meerrettich und Frischkäse unterrühren und alles pikant mit Salz, Pfeffer und Zitronensaft abschmecken. Die Gelatine nach Packungsanweisung einweichen. Tropfnass in einem Topf gerade so lange erwärmen, bis sie sich aufgelöst hat. 2 Esslöffel der Forellenmasse hineinrühren. Dann diese Mischung unter die restliche Forellenmasse rühren. Kühl stellen.

Die restliche Sahne steif schlagen und unter die gelierende Masse heben. Ca. 2 Stunden kühl stellen. Dann mit einem Eisausstecher 6 Kugeln ausstechen. Beiseitelegen. Mit der restlichen Mousse zuerst einmal die Gurken füllen, dann jeweils 1 Moussekugel als Kopf aufsetzen.

Zum Fertigstellen die Hütchen keck leicht schräg aufsetzen. Aus den Oliven 3 kreisrunde Scheiben schneiden. Diese halbieren, leicht kürzen und jeweils 1 kleines Stück als lächelnden Mund auf die Mousse setzen. Aus den restlichen Oliven 12 kleine Kappen abschneiden und als Augen auf die Zwergenköpfe setzen.

Für 6 Zwerge

1 lange, unbehandelte Salatgurke
1 Zweig Dill
150 g geräuchertes Forellenfilet
160 ml eiskalte Sahne
3 Tl geriebenen Meerrettich aus dem Glas
2 El Frischkäse
Salz
Pfeffer
1 Spritzer Zitronensaft
2 Blatt weiße Gelatine
6 schwarze Oliven ohne Stein

Zubereitungszeit: ca. 25 Minuten

Glubschauge

Die Basilikumblätter waschen und trocken tupfen. Die Tomatenscheibe auf einen Teller legen und leicht salzen und pfeffern. Den Mini-Mozzarella halbieren, gegebenenfalls an den Seiten leicht spitz zuschneiden.

Die Mozzarellastücke als Augen auf die Tomatenscheibe legen. Ebenfalls leicht salzen. Aus der schwarzen Olive 2 kleine Kuppen abschneiden und als Pupillen auf den Mozzarella legen. Die Basilikumblätter als Haare anlegen oder die Tomatenscheibe auf das große Basilikumblatt legen. Mit etwas Olivenöl beträufeln.

Für 1 Auge

3 Blättchen Basilikum
(oder 1 großes Blatt)
1 Scheibe Tomate
Salz
Pfeffer
1 Minikugel Mozzarella
1 schwarze Olive
kaltgepresstes Olivenöl

Zubereitungszeit: ca. 5 Minuten

Für 1 Leuchtturm

1 Dattel- oder Kirschtomate
1 Flaschen-Tomate
1 Fleisch-Tomate
einige Basilikumblättchen
1 Mozzarella-Kugel
1 Mini-Mozzarella-Kugel
Salz
Pfeffer
kalt gepresstes Olivenöl

Zubereitungszeit: ca. 10 Minuten

Leckerer Leuchtturm

Die Tomaten waschen, trocknen und die Stielansätze entfernen. Die Tomaten (bis auf die Kirschtomate) in Scheiben schneiden. Basilikum waschen, trocken tupfen und die Blättchen abzupfen. Den großen Mozzarella in Scheiben schneiden. Den Mini-Mozzarella ganz belassen.

Die Mozzarellascheiben und die Tomatenscheiben der Größe nach sortieren und abwechselnd schichten. Die restlichen Tomatenscheiben anderweitig verwenden.

Die einzelnen Lagen immer leicht salzen, pfeffern und mit Olivenöl beträufeln. Die Basilikumblätter dazwischen verteilen. Ganz obenauf zuerst den Mini-Mozzarella legen, und darauf die Dattel-Tomate stellen. Alles mit einem Schaschlikspieß fixieren.

Schnitzelgesichter mit Pommes-Haar

Tipp: Kinder lieben solche essbaren Gesichter. Natürlich kann auch jede Pizza ähnlich verziert werden. Mit schwarzen Olivenringen lassen sich auf Pizzen zum Beispiel sehr gut wüste Vollbärte und Augenbrauen legen. Kirschtomaten als Nasen passen fast immer, ebenso Mozzarella- oder Salamischeiben als Augen, schwarze Olivenkappen als Pupillen und Maiskörner als Zähne. Doch Ihrer Fantasie sind keinerlei Grenzen gesetzt – erlaubt ist, was gefällt!

Für 4 Gesichter

1,5 kg festkochende Kartoffeln
1 El Salz
1 Tl Paprikapulver
2 El Rapsöl
4 runde Gemüse-, Fisch- oder Fleischschnitzel
1/2 Salatgurke
4 Mini-Mozzarella-Kugeln
4 schwarze Oliven ohne Stein
2 Kirschtomaten
etwas Ketchup
einige Maiskörner aus der Dose
8 Tomatenscheiben

Zubereitungszeit: ca. 15 Minuten (plus ca. 45 Minuten Backzeit)

Den Backofen auf 180 °C vorheizen. Ein Backblech mit Backpapier auslegen. Die Kartoffeln schälen, waschen und in Stifte schneiden. In einer Schüssel mit Salz, Paprikapulver und der Hälfte des Öls mischen. Auf dem Backblech verteilen und ca. 45 Minuten goldgelb backen.

Kurz vor Ende der Garzeit die Schnitzel im restlichen Öl von beiden Seiten goldgelb braten. Für die Deko die Gurke auf der Gemüsereibe in Scheiben hobeln. Mozzarella halbieren. Aus den Mittelstücken der schwarzen Oliven 8 dünne Ringe schneiden. Die Kirschtomaten waschen, trocknen und halbieren.

Die Schnitzel auf Tellern platzieren. Die Mozzarellahälften als Augen darauflegen. Jeweils 1 Olivenscheibe als Pupille darauf platzieren. Mittig unterhalb der Augen 1 halbe Kirschtomate als Nase aufsetzen. Mit Ketchup darunter einen Mund malen und an den Mund einige Maiskörner als Zähne anlegen. Als langer, dünner Hals jeweils Gurkenscheiben dachziegelartig anlegen. Die Tomatenscheiben als Ohren anlegen. Zum Schluss die selbst gemachten Pommes als Haare an den Kopf anlegen.

Sag's durch die Blume

Für 1 Strauß

10 künstliche Rosenstängel
10 große, rote Erdbeeren
30 g weiße Kuvertüre
50 g Zartbitterschokolade

Zubereitungszeit:
ca. 20 Minuten

Von den Rosenstängeln die Blüten mit einer Schere abschneiden. Dabei darauf achten, dass sowohl die kleinen grünen Blütenblätter als auch die Noppen oben, an denen die Blüten befestigt sind, stehen bleiben. Die Stängel waschen und trocknen.

Die Erdbeeren waschen, trocknen und den Stielansatz entfernen. Die Kuvertüre und die Zartbitterschokolade in 2 Gefäßen im Wasserbad zerlassen. Zuerst die Erdbeeren mit der breiten Seite ca. 1,5 cm tief in die weiße Kuvertüre tauchen. Auf einem Kuchengitter aufgestellt trocknen lassen. Dann die Erdbeeren ca. 1 cm tief in die dunkle Schokolade tauchen, erneut trocknen lassen.

Die Erdbeeren wie auf dem Foto auf die Rosenstiele setzen. Einige Erdbeeren oben kreuzweise einschneiden und vorsichtig auseinanderdrücken.

Die Erdbeeren waschen, trocknen und die Stielansätze entfernen. Auf der breiten Seite wenn nötig leicht begradigen, damit die Nikoläuse einen sicheren Stand haben. Von allen Erdbeeren das obere, spitze Drittel als Nikolausmütze abschneiden und beiseitelegen.

Mascarpone mit Doppelrahmfrischkäse, Zucker und Zitronensaft cremig rühren. In einen Spritzbeutel mit Lochtülle füllen. Auf jede Erdbeere den Nikolauskopf spritzen, dann die Mützen aufsetzen. Auf jede Mütze einen Tupfen setzen. Weitere Tupfen als Knöpfe auf dem unteren Erdbeerteil verteilen.

Zum Schluss vorsichtig die Schokotropfen als Augen auf den Nikolausköpfen verteilen. Bis zum Servieren kühl stellen.

Verirrte Nikoläuse

Für 10 Nikoläuse

10 schöne, große Erdbeeren
50 g Mascarpone
100 g Doppelrahmfrischkäse
75 g Zucker
1 Spritzer Zitronensaft
20 dunkle Schokotropfen

Zubereitungszeit: ca. 15 Minuten

Herziger Salat

Für 1 Portion

Für das Eier-Herz: 1 Ei • 1 Stück weißen Foto-Karton, ca. 15 x 7 cm • 1 Ess-Stäbchen • 2 Haushaltsgummis

Für den Salat: 100 g Feldsalat • 30 g Speckwürfel • 1/2 El Kräuteressig • 1,5 El Olivenöl • Salz • Pfeffer • 1 Prise Zucker • 2 Tl frisch gehackte Schnittlauchröllchen

Zubereitungszeit: ca. 25 Minuten (plus ca. 20 Minuten zum Festwerden)

Tipp
Ein wenig Übung ist schon nötig, um das Ei in die gewünschte Form zu bringen. Zudem funktioniert das Rezept am besten bei ganz frischen Eiern. Bei diesen hat sich noch keine große Luftblase gebildet und das Eigelb ist in der Regel schön mittig platziert.

Das Ei anpiksen und in kochendem Wasser ca. 8 Minuten hart kochen. Sofort in Eiswasser abschrecken und pellen.

Den Foto-Karton längs falten. Das noch heiße Ei mittig hineinlegen. Nun das Ess-Stäbchen längs darüberlegen und vorsichtig hinunterdrücken, sodass das Ei eine Einkerbung erhält. Mit den Haushaltsgummis den Karton mit den Ess-Stäbchen zusammenbinden, sodass der sanfte Druck erhalten bleibt. Das Ei zum Abkühlen in den Kühlschrank legen.

Währenddessen den Feldsalat putzen, waschen und trocken schleudern. Die Speckwürfel in einer Pfanne ohne Fett kross braten. Aus Essig, Öl, Salz, Pfeffer und Zucker eine Vinaigrette rühren. Die Schnittlauchröllchen unterrühren. Mit dem Feldsalat mischen. Die Speckwürfel darüberstreuen. Das vorbereitete Ei aus dem Kühlschrank nehmen, vorsichtig in Scheiben schneiden und auf dem Salat arrangieren.

Glibberköpfe für Grusel-Fans

Die Götterspeise nach Packungsanweisung, allerdings mit dem Apfelsaft, zubereiten. Eine flache Form mit kaltem Wasser ausspülen, die noch flüssige Götterspeise hineingießen und für ca. 2 Stunden kalt stellen, bis sie fest ist.

Währenddessen die Orangen heiß waschen und trocknen. An einer Seite leicht begradigen, sodass sie gut stehen können. Auf der anderen Seite eine kleine Kappe abschneiden.

Die Früchte sorgfältig mit einem Teelöffel aushöhlen. Dann mit einem spitzen Messer wie abgebildet Augen und Mund hineinschneiden. Die Götterspeise auf eine Arbeitsplatte stürzen und hacken. In die Orangen hineinfüllen. Mit der roten Lebensmittelfarbe etwas Blut aus den Mundwinkeln rinnen lassen.

Tipp

Diese Orangen sind ruck, zuck hergestellt und machen sich besonders gut auf Halloween-Buffets. Wenn Kinder mitessen, halten Sie sich an diese nicht-alkoholische Variante. Bei einem Buffet für Erwachsene kann die Götterspeise auch mit Wodka aromatisiert werden. Für 1 Packung Götterspeise einfach 100 ml Wodka verwenden. Die restliche Flüssigkeit besteht aus Wasser oder Saft, z. B. Cranberry-Saft. Schön ist auch, die Köpfe mit unterschiedlich farbiger Götterspeise zu füllen.

Für 4 Köpfe

1 Beutel Götterspeise Himbeergeschmack • 400 ml Apfelsaft • 100 g Zucker • 4 unbehandelte Orangen • etwas rote Lebensmittelfarbe aus der Tube

Zubereitungszeit: ca. 15 Minuten (plus ca. 2 Stunden zum Festwerden)

Für ca. 32 Schnitze

4 große, unbehandelte Orangen
ca. 100 ml Orangensaft
7 Blatt weiße Gelatine
100 g Zucker
100 ml Campari

Zubereitungszeit:
ca. 15 Minuten
(plus ca. 2 Stunden zum Festwerden)

Die Orangen heiß waschen und trocken reiben. Dann die Früchte halbieren und auspressen. Den Saft durch sein Sieb gießen und mit weiterem Orangensaft auf 500 ml auffüllen.

Die Orangenhälften sorgfältig mit einem Teelöffel von allen weißen Häuten befreien und so in eine flache Auflaufform legen, dass die Hälften mit der Rundung nach unten stabil stehen.

Die Gelatine nach Packungsanweisung in kaltem Wasser einweichen. Orangensaft mit Zucker in einem Topf aufkochen. Etwas abkühlen lassen, dann die ausgedrückte Gelatine darin auflösen. Zum Schluss den Campari unterrühren. Die Flüssigkeit in die Orangenhälften füllen. Diese müssen bis zum Rand gefüllt sein.

Die Orangen auf Zimmertemperatur abkühlen lassen, dann für mindestens 2 Stunden kühl stellen, bis das Campari-Gelee ganz fest ist. Die Orangen mit einem scharfen Messer in Schnitze schneiden.

Tipp
Für Kinder kann natürlich auch eine Variante ohne Alkohol zubereitet werden. Dafür einfach Götterspeise Himbeergeschmack nach Packungsanweisung zubereiten und in die Orangenhälften füllen.

Campari-Orange mal anders

Für 4 Gläser

4 Litschis
4 Cocktailkirschen
1 P. Götterspeise
Orangengeschmack
100 g Zucker

Zubereitungszeit:
ca. 15 Minuten
(plus ca. 3 Stunden
zum Festwerden)

Augen im Glas

Die Litschis schälen. Die Früchte vorsichtig oben mit einem spitzen Messer einstechen. Den Stein so herauslösen, dass die Frucht ansonsten noch intakt bleibt. Statt des Steins eine Cocktailkirsche in die Öffnung stecken. Jede Kirsch-Litschi-Kombination mit einem Holzstäbchen fixieren.

Die Götterspeise nach Packungsanweisung mit dem Zucker zubereiten. 1/3 der Götterspeise auf 4 kleine Gläser verteilen. Kühl stellen. Sobald das Gelee fest genug ist, jeweils 1 Auge darauf setzen. Mit der restlichen Götterspeise bedecken. Mit dem Holzstäbchen die Augen so platzieren, dass die Pupillen gut sichtbar sind und nicht nach unten kippen. Die Augen im Kühlschrank fest werden lassen.

TyrannoSaurus Rex

Für 4 Portionen

200 g Spiralnudeln • Salz • 1 rote Paprikaschote • 1 Tl Rapsöl • 4 große grüne Paprikaschoten • 1/4 Salatgurke • 2 Dosen Thunfisch im eigenen Saft • 1 kleine Dose Mais (285 g) • 1 Bund Schnittlauch • 100 ml Sahne • 150 g Joghurt • 1/2 Tl Senf • Salz • Pfeffer • 2 grüne Oliven mit Paprika-Füllung • 8 Kapern

Zubereitungszeit: ca. 20 Minuten (plus ca. 10 Minuten zum Kochen)

Die Spiralnudeln in ausreichend kochendem Salzwasser nach Packungsanweisung gar kochen. Abgießen, abschrecken und abtropfen lassen.

Den Backofengrill vorheizen. Die rote Paprikaschote längs vierteln. Putzen, waschen und trocken tupfen. Mit der Hautseite nach oben auf ein mit Backpapier belegtes Backblech legen. Dünn mit dem Rapsöl bepinseln und so lange unter dem Grill belassen, bis die Haut dunkel wird und Blasen wirft. Herausnehmen und in einem Gefrierbeutel ausdampfen und abkühlen lassen. Vorsichtig die Haut abziehen und die Schotenstücke vorne spitz einkerben. Diese „Dinosaurierzungen" bis zur weiteren Verwendung beiseitelegen.

Die grünen Paprikaschoten längs halbieren. Putzen, waschen und trocken tupfen. In die Schnittstellen mit einem spitzen Messer Zähne einkerben. Die herausgelösten Paprikastücke mit den Nudeln in eine Schüssel geben.

Die Salatgurke waschen, trocken tupfen und in kleine Würfel schneiden. Thunfisch und Mais abtropfen lassen. Den Thunfisch zerpflücken und zusammen mit dem Mais und den Gurkenwürfeln zu den Nudeln geben.

Schnittlauch waschen, trocken tupfen und in Röllchen schneiden. Mit Sahne, Joghurt und Senf verrühren. Alles salzen, pfeffern und ebenfalls zu den Nudeln geben. Alles gut vermengen und nochmals abschmecken.

4 untere Paprikahälften eventuell leicht begradigen, damit sie gut stehen können. Jeweils 1 Zunge hineinhängen. Den Nudelsalat so darauf häufen, dass der Zungenansatz nicht mehr sichtbar ist. Leicht festdrücken. In die oberen Paprikahälften dort, wo die Augen platziert werden sollen, mit einem scharfen Messer 2 kleine Löcher hineinschneiden. Die grünen Oliven quer halbieren. Mit der runden Seite nach unten in die Löcher stecken, sodass die Schnittfläche nach oben zeigt. Paprikahälfte auf den Salat setzen. Als Nase jeweils 2 Kapern vorne aufsetzen. Dafür vorher mit einem spitzen Messer 2 kleine Mulden einkerben.

Süßes zum Schmunzeln

Für 1 Lokomotive mit 3 Waggons

Für den Biskuit
5 Eier • 1 Prise Salz • 120 g Zucker • 150 g Speisestärke

Für die Füllung
3 El Aprikosenkonfitüre • 250 ml Sahne • 1 P. Sahnesteif • 2 P. Vanillezucker • 4 El Zitronensaft

Außerdem
200 g weiße Kuvertüre • 16 Soft Cakes Orange für die Räder • Fruchtgummi-Tiere als Lokomotivführer und Fahrgäste • 4 Schokoladen-Mikadostäbchen für das Dach • 1 Waffelröllchen für den Schornstein • 1 rechteckiger Schoko-Keks für das Dach • Zucker für das Küchentuch

Zubereitungszeit: ca. 40 Minuten (plus ca. 15 Minuten zum Backen und ca. 30 Minuten zum Auskühlen)

Die kunterbunte Eisenbahn

Den Backofen auf 200 °C vorheizen. Ein Backblech mit Backpapier auslegen. Die Eier trennen. Eiweiß mit dem Salz steif schlagen. Die Hälfte des Zuckers dazugeben und weiterschlagen, bis sich die Zuckerkristalle aufgelöst haben und sich erneut steife Spitzen gebildet haben.

Eigelbe mit dem restlichen Zucker dick-schaumig und hellgelb aufschlagen. Die Speisestärke darübersieben. Den Eischnee in 2 Portionen unterheben. Die Masse auf das Backpapier streichen und sofort auf der mittleren Schiene ca. 15 Minuten goldbraun backen.

Herausnehmen. Auf ein mit Zucker bestreutes Küchentuch stürzen, sodass das Backpapier nun oben liegt. Dieses mit kaltem Wasser besprenkeln und sofort vorsichtig abziehen. Den noch heißen Biskuit mithilfe des Küchentuches von der langen Seite her aufrollen. Nach 5 Minuten wieder vorsichtig entrollen und abkühlen lassen.

Für die Füllung die Aprikosenkonfitüre auf den Biskuit streichen. Sahne mit Sahnesteif und Vanillezucker steif schlagen. Den Zitronensaft darunterrühren. Den Biskuit längs halbieren, sodass 2 lange Rechtecke entstehen. Jedes mit Zitronensahne bestreichen. Dabei nicht ganz an den Rand streichen. Die Biskuitstücke längs aufrollen und jeweils halbieren. Die Waggons hintereinander arrangieren.

Die Kuvertüre hacken und im Wasserbad schmelzen. Die Waggons damit bestreichen. Jeden Waggon mit 4 Soft Cakes als Räder versehen. Diese an den noch weichen Guss kleben. Oben auf die Waggons nach Belieben Fruchtgummi-Tiere kleben.

In die Lokomotive wie auf dem Foto 4 Schoko-Mikadostäbchen stecken. Vorne das Waffelröllchen als Schornstein hineinstecken. Auf die Mikadostäbchen jeweils etwas weiche Kuvertüre tupfen. Darauf das Keksdach kleben. Darunter den Lokomotivführer platzieren. Wenn noch etwas Kuvertüre übrig ist, kleine Tupfen oder Kringel auf die Räder als Radkappen setzen. Alles trocknen lassen und bis zum Servieren kalt stellen.

Tipp
Besonders schnell geht diese Lokomotive mit kleinen, gekauften Biskuitröllchen. Dann muss nur noch verziert werden.

Weihnachtsbaum-Cupcakes

6 El Milch mit den Eigelben und der Speisestärke gut verquirlen. Die restliche Milch mit dem Zucker unter Rühren aufkochen. Die verquirlten Eigelbe dazugießen, dabei ständig rühren. Alles einmal aufwallen lassen, dann vom Herd nehmen und auf Zimmertemperatur abkühlen lassen. Ab und zu umrühren.

Die weiche Butter ca. 15 Minuten schaumig schlagen. Esslöffelweise den Pudding dazuquirlen. Nach und nach die gemahlenen Pistazien unterrühren. Zum Schluss etwas grüne Lebensmittel-Pastenfarbe dazugeben, bis der gewünschte Grünton erreicht ist. Die Creme in einen Spritzbeutel mit kleiner Sterntülle füllen und ca. 1 Stunde kühl stellen.

Die Muffins etwas begradigen und mit Kakaopulver bestäuben. Mit etwas Creme jeweils 1 Praline obenauf kleben. Die restliche Creme in kleinen Tupfen darum herum und darauf zu einem Weihnachtsbaum spritzen. Diesen mit goldenen Zuckerperlen verzieren. Bis zum Servieren kühl stellen.

Für 12 Weihnachtsbäume

500 ml Milch
4 Eigelbe
45 g Speisestärke
120 g Zucker
150 g weiche Butter
100 g ganz fein gemahlene Pistazien
etwas grüne Lebensmittel-Pastenfarbe
12 Schokomuffins (FP oder Grundrezept Seite 124)
Kakaopulver zum Bestäuben
12 Pralinen
goldene Zuckerperlen zum Verzieren

Zubereitungszeit: ca. 30 Minuten
(plus 1 Stunde 30 Minuten zum Abkühlen)

Für 1 Schneemann

50 g Puderzucker
3 Pfeffernüsse
1 runder doppelter Butterkeks
1 runder Schokokeks
1 Dominostein
1 rote Zuckerperle für die Nase
braune oder schwarze Lebensmittelfarbe in der Tube
Puderzucker zum Dekorieren

Zubereitungszeit: ca. 10 Minuten (plus ca. 50 Minuten zum Aushärten)

Schneemänner

Den Puderzucker mit ganz wenig Wasser zu einer dicken Paste verrühren. Die erste Pfeffernuss damit mittig auf den doppelten Butterkeks kleben. Die zweite Pfeffernuss daraufkleben. Mit der dritten Pfeffernuss abschließen. Zum Schluss wie abgebildet den runden Schokokeks obenauf kleben und darauf den Dominostein.

Als Nase 1 rote Zuckerperle auf die oberste Pfeffernuss kleben. Darüber mit der Lebensmittelfarbe Tupfen für die Augen setzen. Nach Belieben damit auch einen Mund malen und Tupfen für die Knöpfe auf die unteren Pfeffernüsse setzen. Die Schneemänner mit Puderzucker berieseln und alles trocknen lassen.

Schokoladige Ritterburg zum Vernaschen

Den Backofen auf 180 °C vorheizen. Die Fettpfanne des Backofens mit Backpapier auslegen. Die Schokolade hacken und die Butter in Würfel schneiden. Zusammen in einem Topf im Wasserbad zerlassen, dann leicht abkühlen lassen.

Die Eier mit dem Zucker und der Prise Salz schaumig schlagen. Mehl mit Backpulver und Mandeln mischen und darunterrühren. Zum Schluss die gerade noch flüssige Schokoladenbutter darunterrühren. In die Fettpfanne gießen und auf der mittleren Schiene ca. 20 Minuten backen. Herausnehmen und vollständig abkühlen lassen.

Den Schokokuchen in gleichmäßig große Würfel schneiden. Das Eiweiß mit 1 Prise Salz steif schlagen. Den Puderzucker dazusieben und so lange weiterquirlen, bis eine dick-klebrige Paste entstanden ist. Die Kuchenwürfel wie auf dem Foto zu einer Burg aufeinanderkleben und immer mal wieder Lücken für die Fenster lassen, sowie Platz für 1 großes Tor. Einige Würfel für die Zinnen zurücklegen. Die Burg mit Smarties verzieren. Dazu diese mit etwas Puderzuckerpaste festkleben. Alles trocknen lassen.

Zum Schluss aus Fotokarton einige Fahnen ausschneiden, diese bunt verzieren und an den Holzstäbchen befestigen. In die Burg stecken und alles mit Spielfiguren dekorieren.

Für 1 Burg

Für den Teig
300 g Zartbitter-Schokolade
250 g Butter
7 Eier
350 g Zucker
1 Prise Salz
350 g Mehl
2 Tl Backpulver
200 g gemahlene Mandeln

Außerdem
3 Eiweiß
Salz
600 g Puderzucker
Smarties zum Verzieren
Fotokarton, Stifte und Holzstäbchen für die Fahnen

Zubereitungszeit: ca. 1 Stunde 30 Minuten (plus ca. 20 Minuten zum Backen und ca. 30 Minuten zum Auskühlen)

Zuckersüßer Fiffi

Den Backofen auf 200 °C vorheizen. Die Mulden des Standard-Muffinblechs mit Papierförmchen auslegen. 12 Mulden des Miniatur-Muffinblechs mit Papierförmchen auslegen. Die Butter mit dem Zucker und dem Salz schaumig schlagen. Nach und nach die Eier darunterquirlen.

Mehl mit Backpulver mischen und darübersieben. Zusammen mit der Zitronenschale, dem Zitronensaft und der Milch unterrühren. Die Mulden des Standard-Muffinblechs zu 2/3 mit dem Teig füllen. Den restlichen Teig auf die vorbereiteten 12 Mulden des Miniatur-Muffinblechs verteilen. Beide Bleche auf der mittleren Schiene 20–25 Minuten goldbraun backen. Herausnehmen und auf einem Kuchengitter vollständig abkühlen lassen.

Die weiße Schokolade hacken und die Sahne erhitzen. Schokolade darin schmelzen. Dann vollständig abkühlen lassen und 1 Stunde kühl stellen. Die Mischung mit dem Handrührgerät schaumig aufschlagen. In einen Spritzbeutel mit kleiner Sterntülle füllen.

Die Miniatur-Muffins an einer Längsseite etwas begradigen und mit etwas Creme auf die Standard-Muffins kleben. Dann, wie auf dem Foto, die restliche Creme aufspritzen. Etwas Übung gehört dazu, aber eigentlich ist es leicht. Am besten erst kreisförmig um die gesamte Oberfläche Tupfen setzen. Dann in der Mitte bei der Erhöhung des Miniaturmuffins Ohren spritzen und die Schnauze. In jeden Cupcake mit den Schokonüssen die Augen und die Nasenspitze setzen. Aus rosa Rollfondant die Zunge formen.

Für 12 Fiffis

Für den Teig
200 g weiche Butter
180 g Zucker
1 Prise Salz
5 Eier
400 g Mehl
1 P. Backpulver
abgeriebene Schale und 1,5 El Saft von 1 unbehandelten Zitrone
4 El Milch

Für die Creme
250 g weiße Schokolade
250 ml Sahne

Außerdem
1 Standard-Muffinblech (12 Mulden)
1 Miniatur-Muffinblech (24 Mulden)
36 Schokonüsse
rosa Rollfondant

Zubereitungszeit: ca. 1 Stunde (plus ca. 25 Minuten zum Backen, ca. 1 Stunde zum Abkühlen und ca. 1 Stunde zum Kühlen)

Für 1 Chinesen

etwas Puderzucker
2 Lakritzschnecken
1 Amerikaner (FP)
rote und schwarze Lebensmittelfarbe aus der Tube
2 rote Smarties

Zubereitungszeit: ca. 10 Minuten

Etwas Puderzucker mit ganz wenig Wasser zu einer klebrigen Paste verrühren. Die Lakritzschnecke aufrollen. 2 Stücke à 4 cm Länge für den Schnurrbart beiseite legen. 1 Stück von 10 cm auf den Rand des Amerikaners kleben. Darunter mit kleinen Stücken à ca. 2 cm Länge einen Pony wie auf dem Foto kleben.

Mit der schwarzen Lebensmittelfarbe die Mandelaugen und die Nase malen. Darunter mit der roten Lebensmittelfarbe einen lächelnden Mund malen. Über die Mundwinkel die Smarties kleben. Mit den beiseite gelegten Lakritzstücken den Schnurrbart kleben. Alles trocknen lassen.

Lustige Amerikaner

Für 1 Piraten

etwas schwarzer Fondant (FP)
etwas Puderzucker
schwarze und rote Lebensmittelfarbe
1 Amerikaner (FP)
etwas Vollmilchkuvertüre

Zubereitungszeit: ca. 20 Minuten

Den Fondant auf Backpapier ausrollen und daraus die Augenklappe mit Band ausschneiden. Etwas Puderzucker mit sehr wenig Wasser zu einer Paste verrühren. Mit roter Lebensmittelfarbe einfärben und damit dem Piraten wie auf dem Foto abgebildet ein Kopftuch malen. Dann schräg die Augenklappe mit Band aufkleben.

Zum Schluss mit der schwarzen Lebensmittelfarbe 1 Auge und die Nase malen, mit der roten Lebensmittelfarbe den Mund. Etwas Vollmilchkuvertüre im Wasserbad zerlassen. Damit dem Piraten Bartstoppeln ins Gesicht tupfen.

Etwas Puderzucker mit ganz wenig Wasser zu einer klebrigen Paste verrühren. Damit den Schokokuss mittig auf den Amerikaner kleben. Die Colaschnüre halbieren und mindestens 5 „Tentakeln" kleben, die vom Schokokuss zum Rand laufen. Mit der Lebensmittelfarbe 2 Augen und 1 Mund auf den Schokokuss malen. Alles trocknen lassen.

Für 1 Kraken

etwas Puderzucker
1 Mini-Schokokuss
4 Colaschnüre aus Weingummi
blaue Lebensmittelfarbe aus der Tube für die Augen
rote Lebensmittelfarbe für den Mund

Zubereitungszeit: ca. 10 Minuten

Schmetterlingskuchen für Prinzessinnen

Für 12 Stücke

Für den Teig
125 g Marzipanrohmasse
175 g weiche Butter
120 g Zucker
4 Eier
Salz
2 P. Vanillezucker
225 g Mehl
2 Tl Backpulver
4 El Milch
Butter für die Form

Zum Verzieren
200 g Puderzucker
gelbe Lebensmittelpaste
pinkfarbene Lebensmittelpaste
1 Lakritzschnecke
silberne Zuckerperlen
Smarties
essbarer Glitter zum Verzieren

Zubereitungszeit: ca. 40 Minuten (plus ca. 45 Minuten zum Backen und ca. 1 Stunde zum Auskühlen)

Den Backofen auf 180 °C vorheizen. Eine Springform mit Butter einfetten. Die Marzipanrohmasse hacken. Mit der weichen Butter und dem Zucker schaumig rühren. Die Eier trennen. Eiweiß mit 1 Prise Salz steif schlagen. Den Vanillezucker einrieseln lassen und weiterschlagen, bis die Masse erneut sehr steif ist.

Das Mehl mit Backpulver mischen und über die Buttermasse sieben. Mit der Milch unterrühren. Zum Schluss den Eischnee unterheben. In die Form füllen, glatt streichen und auf der mittleren Schiene ca. 45 Minuten backen. Herausnehmen und auf einem Kuchengitter vollständig erkalten lassen.

Den Kuchen auf eine Arbeitsplatte legen. Aus dem Mittelstück einen ca. 3 cm breiten Streifen herausschneiden. Mittig auf eine Kuchenplatte legen. Als Flügel die beiden Seitenteile mit der Wölbung nach innen anlegen. Vorher die gerade Seiten noch etwas einkerben, sodass sie noch mehr nach Schmetterlingsflügeln aussehen.

Zum Verzieren den gesiebten Puderzucker mit wenig Wasser glatt rühren. Ca. 2 Esslöffel der Paste mit gelber Lebensmittelfarbe färben und den Körper des Schmetterlings damit bepinseln. In den noch weichen Zuckerguss am Kopfteil 2 blaue Smarties als Augen kleben. Die Lakritzschnecke entrollen und 2 Fühler von ca. 10 cm Länge abtrennen. Unter den Kopf anlegen. Den Kopf mit einer Reihe silberner Zuckerperlen kennzeichnen. Den Körper mit wenig essbarem Glitter bestäuben.

Die restliche Puderzuckerpaste in Pink einfärben und die Flügel damit bepinseln. Mit Smarties, Liebesperlen und Glitter nach Belieben verzieren.

Für 1 Kuchen

500 ml Sahne • 500 g Vollmilchschokolade • 3 helle Biskuitböden (FP) • 1 Schokoladenbiskuitboden (FP) • 3 El Kirschkonfitüre

Außerdem

Fotokarton • geeignete, möglichst runde Schüssel (2 l Fassungsvermögen)

Zubereitungszeit: ca. 40 Minuten (plus ca. 4 Stunden zum Kühlen)

Fußball-kuchen

Für die Füllung die Sahne unter Rühren aufkochen, dann vom Herd nehmen. Die Schokolade hacken und in die heiße Sahne geben. Nach 5 Minuten umrühren, bis eine glatte Masse entstanden ist. Auf Zimmertemperatur abkühlen lassen, dann mindestens 2 Stunden kühl stellen.

Die Schüssel kopfüber auf einen der hellen Biskuitböden stellen und diesen kreisrund damit ausstechen. Aus den restlichen Biskuitböden Fünf- und Sechsecke ausschneiden. Dafür auf Fotokarton einmal ein Fünfeck mit 4 cm Kantenlänge zeichnen und dann ein Sechseck ebenfalls mit jeweils 4 cm Kantenlänge. Beide geometrischen Formen ausschneiden und diese Schablonen zum Ausschneiden der Böden verwenden. Vom hellen Biskuit benötigt man ca. 8 Sechsecke, vom Schokobiskuit benötigt man ca. 6 Fünfecke.

Die Schüssel mit Wasser benetzen und mit Frischhaltefolie auslegen. In die Mitte unten hinein ein dunkles Fünfeck legen. Darum herum helle Sechsecke legen. In die entstandenen Lücken wieder Schokobiskuit legen und darum herum erneut den hellen Biskuit. Biskuit, der übrig bleibt, kann übrigens hervorragend für ein Trifle verwendet werden.

Für die Füllung die Sahne-Schoko-Mischung mit dem Handrührgerät steif schlagen. In die Form geben und glatt streichen. Den runden Biskuit mit Kirschmarmelade bestreichen und mit der Marmelade nach unten auf die Creme legen. Leicht festdrücken, dann mit Frischhaltefolie abdecken und bis zum Servieren mindestens 2 Stunden kühl stellen.

Zum Servieren die Frischhaltefolie entfernen, den Kuchen auf eine Platte stürzen und vorsichtig die restliche Frischhaltefolie abziehen.

Süsse Blutwurst

Die Butterkekse mit dem Nudelholz zerkleinern. Die Walnüsse hacken. Beide Zutaten mit den Rosinen in eine Schüssel geben.

Die Butter in einem Topf zerlassen. Die gezuckerte Kondensmilch mit dem Kakaopulver hinzugeben. Alles umrühren, bis eine glatte Masse entstanden ist. Diese zu den Keksen gießen. Das Ei hinzugeben und alles zuerst mit dem Kochlöffel, dann kurz mit den Händen zu einer dicken Paste verkneten. Die Mischung dreiteilen. Jedes Drittel zu einer Wurst rollen, dann fest in Frischhaltefolie wickeln. Für mindestens 2 Stunden ins Tiefkühlfach legen.

Vor dem Servieren herausnehmen, die Folie entfernen, die „Wurst" fast auf Zimmertemperatur bringen und am besten auf einem Brotzeitbrettchen aufschneiden.

Für 3 kleinere Blutwürste

350 g Butterkekse
80 g Walnüsse
30 g Rosinen
200 g Butter
400 ml gezuckerte Kondensmilch
60 g Kakaopulver
1 Ei

Zubereitungszeit: ca. 25 Minuten
(plus ca. 2 Stunden zum Tiefkühlen und ca. 1 Stunde Ruhezeit)

Bananen-Lippenstifte

Für 3 Lippenstifte

120 g weiße Schokolade
60 ml Sahne
rote Lebensmittel-Pastenfarbe
75 g Zartbitterschokolade
1 große Banane (nicht zu reif)
etwas Zitronensaft
Puderzucker zum Bestäuben
goldener Glitter zum Bestäuben

Zubereitungszeit: ca. 25 Minuten
(plus ca. 30 Minuten zum Festwerden)

Die Schokolade hacken. Die Sahne unter Rühren aufkochen, dann vom Herd nehmen. Die Schokolade dazugeben. Kurz stehen lassen, dann glatt rühren. Mit der roten Lebensmittelpastenfarbe in einen schönen, pinkfarbenen Lippenstiftton einfärben. Auf Zimmertemperatur abkühlen lassen, dann in einen Spritzbeutel mit glatter Lochtülle füllen und ca. 30 Minuten kühl stellen.

Die dunkle Kuvertüre im Wasserbad zerlassen. Die Banane schälen, in ca. 3 gleich lange Stücke schneiden. Jedes Stück wie auf den Steps abgebildet vorsichtig aushöhlen. Dann die Bananenstücke sofort mit Zitronensaft benetzen, damit sie sich nicht verfärben. Mit Puderzucker bestäuben und auch innen damit ausstreuen.

Nun die Bananen mit der geschlossenen Seite zur Hälfte in die dunkle Kuvertüre tauchen. Auf ein Kuchengitter stellen, abtropfen und fest werden lassen. Mit goldenem, essbaren Glitter bestäuben.

Zum Schluss die Ganache in die vorgeformten Öffnungen spritzen. Die Ganache oben mindestens 2 cm über den Rand hinausragen lassen. Nun mit einem glatten Messer die Form begradigen, sodass sie nach einem Lippenstift aussieht. Eines steht fest: Diese Lippenstifte sind der Hit an jedem Mädels-Abend!

Geister-Cupcakes

Das Eiweiß mit Salz, Zucker und Backpulver im kochenden Wasserbad ca. 4 Minuten steif schlagen. Dann herausnehmen und weitere 8 Minuten schlagen, bis die Masse kalt ist und sich feste, glänzende Spitzen bilden.

Die Muffins in schwarze Papierförmchen setzen. Auf jeden Muffin mit etwas Icing-Masse 1 Baisertuff kleben. Darum herum die Icing-Masse möglichst hoch auftürmen und oben spitz zulaufen lassen. Aus schwarzem Fondant oder Lakritz kleine Stücke für die Augen und den Mund formen und diese mit einer Pinzette auf den Gespenstern drapieren. Sofort servieren.

Für 12 Geistercupcakes

4 ganz frische Eiweiß
1 Prise Salz
200 g Zucker
1 Prise Backpulver
12 Muffins (FP oder Grundrezept Seite 124)
12 Baisertuffs

Außerdem

12 schwarze Papierförmchen
etwas schwarzer Fondant (ersatzweise Lakritz)

Zubereitungszeit:
ca. 30 Minuten

Für 6 Kerzen

100 g Puderzucker
6 gefüllte Waffelröllchen (ca. 6 cm lang)
6 Schoko-Lebkuchen in Blumenform
ca. 50 g Marzipanrohmasse
gelbe Lebensmittel-Pastenfarbe

Zubereitungszeit:
ca. 15 Minuten

Keks-Kerze

Den gesiebten Puderzucker mit 2 Teelöffeln Wasser zu einer dicken Paste verrühren. Die Waffelröllchen hochkant mittig auf die Schoko-Lebkuchen kleben. Dann etwas Puderzuckerguss wie Kerzenwachs von den Keksrollen zum Lebkuchen laufen lassen.

Die Marzipanmasse mit etwas Lebensmittelfarbe gelb färben. 6 kleine Kugeln rollen, diese an einer Seite spitz zulaufen lassen und mit etwas Puderzuckerguss oben auf die Keksrollen kleben. Alles trocknen lassen.

Diese Tischdekoration passt sowohl zum Adventskaffee als auch zu Halloween. Dafür dunkle Schokoröllchen verwenden, den Puderzuckerguss rot einfärben und das Marzipan ebenfalls dunkel färben.

Panda-Cupcakes

Zuerst die Ganache und das Frosting zubereiten: Für die Ganache die Sahne unter Rühren aufkochen, die Zartbitterschokolade hacken. In die Sahne schütten, sofort vom Herd nehmen und 5 Minuten stehen lassen. Alles glatt rühren. Ca. 30 Minuten cremig aufschlagen. Für das weiße Frosting alle Zutaten miteinander cremig verrühren.

Die Schoko-Muffins mit der Ganache einstreichen, etwas Ganache zurückbehalten. Dabei darauf achten, dass eine runde Form entsteht. Dann über und über mit den Schokostreuseln bedecken.

Die Miniatur-Muffins an einer Längsseite etwas begradigen. Die Oberfläche mit dem Frosting bestreichen. Dabei darauf achten, dass ein runder Kopf mit der Andeutung einer Schnauze entsteht. Etwas Frosting zurückbehalten. Die Miniatur-Cupcakes auf den Körper legen und leicht in die Ganache drücken. Ca. 30 Minuten ins Tiefkühlfach stellen.

Währenddessen die großen Oreo-Kekse mit einem scharfen Messer halbieren. Auf 24 Hälften, wie auf dem Foto zu sehen ist, mit wenig Frosting weiße Krallen zeichnen. Von den Mini-Oreo-Keksen mit einem scharfen Messer ca. 1/3 wegschneiden.

Die Cupcakes aus dem Tiefkühler holen. Mit der schwarzen Lebensmittelfarbe zuerst das dunkle Fell um die Augen spritzen. Dann eine Nasenspitze tupfen und zum Schluss den Mund. Mittig in das dunkle Fell um die Augen, die Schokotropfen als Augen stecken. Mit ganz wenig Frosting weiße Pünktchen auf die Augen setzen.

Nun, wie auf dem Foto zu sehen, jeweils 2 halbe Kekse als Beine anlehnen und mit etwas Ganache an den Körper kleben. Danach die mit den Tatzen versehenen Kekse als Arme, ebenfalls mit etwas Ganache neben den Kopf kleben. Zum Schluss die Miniatur-Kekse mit der angeschnittenen Seite oberhalb der Augen als Ohren in den kleinen Cupcake stecken. Bis zum Servieren kühl stellen.

Für 12 Pandas

12 Schoko-Muffins, Standard-Größe (FP oder Grundrezept Seite 124) • 12 Vanille-Muffins, Miniatur-Größe (FP oder Rezept Seite 104) • 24 Oreo-Kekse, Standard-Größe • 24 Mini-Oreo-Kekse

Für die Ganache
200 ml Sahne • 200 g Zartbitterschokolade

Für das weiße Frosting
60 g weiche Butter • 200 g Doppelrahmfrischkäse • 60 g Puderzucker

Außerdem
dunkle Schokostreusel • schwarze, ersatzweise braune Lebensmittelfarbe aus der Tube • 24 Schoko-Tropfen

Zubereitungszeit: ca. 40 Minuten (plus ca. 30 Minuten Kühlzeit)

Scherz-Kekse

Für den Teig alle Zutaten miteinander verkneten. Zu einer Rolle von ca. 4 cm Durchmesser rollen, in Folie wickeln und ca. 30 Minuten kühl stellen.

Den Ofen auf 180 °C Umluft vorheizen. 2 Backbleche mit Backpapier auslegen. Die Rolle in ca. 5 mm dicke Scheiben schneiden. In jede Scheibe 1 Lollistiel stecken. Auf das Backblech legen und ca. 8 Minuten backen. Die Kekse sollten dabei nicht braun werden, sondern gerade eben durchgebacken sein. Herausnehmen und vollständig abkühlen lassen.

Zum Verzieren das Marzipan mit roter Lebensmittelfarbe einfärben und für die Nasen zu kleinen Kugeln rollen. Den Puderzucker in eine Schüssel sieben. Mit dem Zitronensaft zu einer dicken Paste glatt rühren. Alle Kekse von 1 Seite damit bestreichen. Dann mittig die Marzipannasen in den weichen Guss kleben. Anschließend mit Smarties direkt über die Nase die Augen in den Guss kleben.

Kuvertüre im heißen Wasserbad zerlassen. Etwas abkühlen lassen, dann in einen Gefrierbeutel füllen. Eine kleine Ecke abschneiden, dann mit der gerade noch warmen Kuvertüre einen Mund spitzen, 2 Tupfen auf die Augen setzen und ein paar Haarsträhnen malen. Nach Belieben kleine Zuckerperlen auf die Haarsträhnen streuen. Fertig sind die kleinen Clown-Kekse.

Ihrer Kreativität steht bei der Verzierung natürlich nichts im Wege. Probieren Sie ruhig auch andere Gesichter aus, z.B. Piraten. Außerdem kann der Teig natürlich auch mit Blütenausstechern oder Schmetterlingsausstechern in Form gebracht und nach dem Backen dementsprechend verziert werden.

Für ca. 20 Kekse

Für den Teig

300 g Mehl • 100 g Zucker • 1 Prise Salz • 200 g weiche Butter • 1 Eigelb • ein paar Tropfen Vanillearoma

Außerdem

ca. 50 g Marzipan • rote Lebensmittel-Pastenfarbe • ca. 200 g Puderzucker • 1 El Zitronensaft • Smarties für die Augen • 50 g dunkle Kuvertüre • bunte Zuckerstreusel zum Bestreuen • ca. 20 ofenfeste Lollistiele aus dem Fachhandel (ersatzweise lange, gewässerte Holzspieße)

Zubereitungszeit: ca. 45 Minuten (plus ca. 30 Minuten Kühlzeit, ca. 8 Minuten Backzeit und ca. 40 Minuten zum Auskühlen)

Mogel-Kakao

Den Backofen auf 180 °C vorheizen. Die Förmchen mit Butter einfetten und mit Mehl ausstäuben. Für den Teig die Butter zerlassen, dann vom Herd nehmen und leicht abkühlen lassen. Die Eier mit dem Zucker dick-schaumig rühren. Die Butter dazugießen, das Mehl mit Backpulver mischen, darübersieben und alles zusammen mit dem Zitronensaft und der Zitronenschale zu einem glatten Teig rühren. Auf die Förmchen verteilen und auf der mittleren Schiene ca. 30 Minuten backen. Herausnehmen, auf ein Kuchengitter stürzen und vollständig abkühlen lassen.

Die Schokolade hacken. 100 ml Sahne unter Rühren aufkochen, dann vom Herd nehmen. Die Schokolade dazuschütten und alles glatt rühren. Den Fondant auf Puderzucker gleichmäßig dünn (ca. 2 mm) ausrollen. Streifen ausschneiden, die etwas höher sind als die Muffins und diese ummanteln. Dann aus den Resten 12 Rollen formen. Diese flach drücken und als Henkel an die Tassen anbringen. Auf weiße, schlichte Untertassen stellen.

Die Schokoladensahne ca. 30 Minuten schlagen, dann möglichst glatt auf die Cupcakes streichen. Zum Schluss die restliche Sahne schlagen und kleine Kleckse auf den „Kakao" setzen. Einen Kaffeelöffel anlegen und servieren.

Für 12 Cupcakes

Für den Teig: 150 g Butter • 3 Eier • 175 g Zucker • 180 g Mehl • 1 Tl Backpulver • Saft und abgeriebene Schale von 1 unbehandelten Zitrone

Außerdem: 100 g Zartbitterschokolade • 200 ml Sahne • ca. 500 g weiße Fondantmasse (FP) • Puderzucker zum Rollen • 12 Backförmchen mit ganz geradem Rand, der nicht nach unten enger wird, z.B. Soufflé-Förmchen (das ist wichtig, damit sich später der Fondant ohne Wellen anbringen lässt) • Butter und Mehl für die Förmchen

Zubereitungszeit: ca. 1 Stunde (plus ca. 30 Minuten zum Backen und ca. 30 Minuten zum Auskühlen)

Spinnenmuffins

Den Backofen auf 180 °C vorheizen. Ein Muffinblech mit Papierförmchen auslegen. Die Zartbitterschokolade mit der Butter in einem Topf zerlassen. Vom Herd nehmen und leicht abkühlen lassen.

Die Eier mit Zucker und Salz dick-schaumig aufschlagen. Mehl mit Natron und Backpulver mischen. Über die Eiercreme sieben. Zusammen mit der Buttermilch alles glatt rühren. Dann die gerade noch flüssige Butter-Schokolade in dünnem Strahl unterrühren. Den Teig auf die Mulden verteilen, ca. 25 Minuten backen. Dann die Muffins herausheben und auf einem Kuchengitter vollständig abkühlen lassen.

Die Kuvertüre im Wasserbad schmelzen. Die Schokostäbchen jeweils in der Mitte durchbrechen. Auf Backpapier in einem Winkel von ca. 100 Grad wie auf dem Foto zu sehen ist zusammenlegen und die Bruchstellen mit der Kuvertüre kitten. Trocknen und aushärten lassen. (Wenn es schnell gehen soll, die Beinchen im Kühlschrank aushärten lassen.) Mit der restlichen Kuvertüre die Muffins bepinseln.

Jeweils 2 Minzdrops nebeneinander als Augen auf die Muffins kleben. Mit dunkler Kuvertüre 2 kleine Tupfen daraufsetzen. Den Körper der Muffins mit Schokoraspeln oder Zuckerperlen bestreuen. Zum Schluss vorsichtig die Spinnenbeine vom Backpapier lösen. Jeweils 3–4 Beine auf jeder Seite in den Muffin stecken. Fertig sind die Gruselspinnen.

Für 12 Muffins

90 g Zartbitterschokolade
120 g Butter
3 Eier
120 g Zucker
1 Prise Salz
120 g Mehl
1/2 Tl Natron
1/2 Tl Backpulver
80 ml Buttermilch

Außerdem

ca. 200 g dunkle Kuvertüre
ca. 80 Schoko-Stäbchen
24 weiße Minzdrops für die Augen
Schokoraspeln oder bunte Zuckerperlen zum Bestreuen

Zubereitungszeit: ca. 50 Minuten (plus ca. 25 Minuten zum Backen, ca. 45 Minuten zum Auskühlen und ca. 30 Minuten zum Aushärten)

Rezeptverzeichnis

Süßes

Amerikaner, lustige 106
Augen im Glas 93
Bananen-Lippenstifte 114
Birnenigel 21
Blutwurst, süße 112
Campari-Orange mal anders 92
Eisenbahn, die kunterbunte 98
Erdbeerschlange, süße 31
Eulen-Muffins 32
Fiffi, zuckersüßer 104
Fußballkuchen 111
Geister-Cupcakes 116
Glibberköpfe für Grusel-Fans 91
Haifisch, fruchtiger 34
Keks-Kerze 117
Mogel-Kakao 123
Nikoläuse, verirrte 87
Obsteulen 18
Panda-Cupcakes 118
Sag's durch die Blume 84
Scherzkekse 121
Schmetterlingskuchen für Prinzessinnen 109
Ritterburg zum Vernaschen, schokoladige 103
Schneemänner 101
Spinnenmuffins 124
Weihnachtsbaum-Cupcakes 100

Herzhaftes

Blumenkohl-Schäfchen 27
Blutsuppe aus kalter Hand, heiße 76
Bonbon, herzhaftes 52
Brot-Dorf 67
Eiereulen 22
Eiermäuse 23
Elefantenbrötchen 46
Fledermaus-Brötchen 42
Fleischwurst-Affe 65
Flusspferd 37
Forellenmousse-Zwerge 78
Glubschauge 80
Gurken-Häschen 38
Gurken-Ruderboot 72
Gurkenschnecken 15
Hornochse, lustiger 60
Hot Dog 62
Käseenten 12
Käsefüße für Mini-Kannibalen 59
Katerfrühstück 56
Leuchtturm, leckerer 81
Löwe, wilder 55
Marienkäfer 24
Oktopussy im Fetacreme-Meer 10
Paprika-Elefant 14
Paprikafisch 53
Pfau, schöner 50
Salat, herziger 88
Schaffner-Teller 45
Schnitzelgesichter mit Pommes-Haar 83
Tyrannosaurus Rex 94
Vollkorn-Eule 43
Walross 49
Wurstblume 70
Würstchen für Verliebte 75
Würstchen-Amor 71
Wurstkrake mit Kartoffelsalat 28
Wurstschildkröte 16
Zucchini-Pinguin 17
Zwergenpilze 64

Abkürzungsverzeichnis

ca.	=	zirka
cl	=	Zentiliter
cm	=	Zentimeter
El	=	Esslöffel
FP	=	Fertigprodukt
g	=	Gramm
kg	=	Kilogramm
l	=	Liter
Min.	=	Minute
ml	=	Milliliter
Msp.	=	Messerspitze
P.	=	Päckchen
Std.	=	Stunde
TK	=	tiefgekühlt
Tl	=	Teelöffel
Ø	=	Durchmesser

Fondant, Schmelzdrops, Ganache, Icing – was ist das eigentlich?

Fondant

Pastenähnliche Zuckermasse, die es mittlerweile in allen Farben gibt. Zum Teil sogar schon ausgerollt. Hauptsächlich wird Fondant als schützender und dekorativer Mantel für Torten, Cake-Pops und Petit Fours verwendet. Der Vorteil gegenüber Marzipan: Fondant kann besser eingefärbt und geformt werden.

Schmelzdrops, auch Candy Melts

Kleine Schokoladenplättchen, die es in vielen verschiedenen Farben gibt. Sie können im Wasserbad geschmolzen werden und eignen sich als Überzug für Cake-Pops.

Ganache

Eine einfache französische Creme aus Sahne, bisweilen auch Frischkäse, und Schokolade. Je nach Verhältnis von Sahne und Schokolade zueinander wird die Mischung cremig-fest oder bleibt flüssig und wird, wenn alles kalt ist, mit den Rührbesen des Handrührers schaumig aufgeschlagen.

Icing

Zum einen ein spezieller, cremiger Überzug aus geschlagenem Eiweiß und Puderzucker, zum anderen generell hauptsächlich weiße, cremige Überzüge, also auch Buttercremes oder Frischkäsecremes.

Einleitung und Rezepte: Nina Engels
Rezeptfotografie: Klaus Klaussen
Foodstyling: Alexandra Fornace
Konzept und Redaktion: Cornelia Teich
Satz und Layout: JB Bild|Text|Satz

Ilustrationen

Fotolia.com

Vorsatz, Nachsatz, S. 1, 3, 10, 28 und 29 (Kraken, © Ropix), S. 1, 10, 11, 72 und 73 (Fische, © Blanca), S. 2, 3, 34, 35 und 53 (Fische, © Ropix), S. 5 (Blume, © samantha grandy), S. 6,7 und 127 (Schildkröte, © Sainte-Laudy), S. 9, 18 und 32 (Eule, © marta17), S. 13 (Schnecke, © barbulat), S. 17 (Pinguin, © Sainte-Laudy), S. 21 (Igel, © Isis Ixworth), S. 21 (Birne, © sellingpix), S. 23 und 59 (Maus, © Blanca), S. 26/27 (Wolle, © pholidito), S. 31 (Schlange, © Blanca), S. 37 (Flusspferd, © Lusia), S. 38 (Hase sitzend, © barbulat), S. 38 (Hase springend, © Sergey YAkovlev), S. 41 und 46 (Elefant, © Lusia), S. 45 und 56 (Filmstreifen, © beermedia), S. 45 und 98 (Lok, © Isis Ixworth), S. 49 (Seesterne, © ysign), S. 55 (Löwe, © Lusia), S. 59 (Käse, © novkota1), S. 60 (Ochse, © Lusia), S. 65, 126 und 127 (Affen, © Alexander Potapov), S. 69, 83 und 121 (Luftballons, © m_yulia), S. 70 (Blumen, © marta17), S. 71 (Amors Pfeil, © dina_arno), S. 71 und 88 (Herzen, © dina_arno), S. 75 und 84 (Rosen, © dina_arno), S. 75 (Genealogische Zeichen, © dina_arno), S. 76, 91, 117 und 124 (Spinne, © 007), S. 76 und 124 (Spinnennetz, © Felix Pergande), S. 76 (Hand, © Zsolt Biczó), S. 81 (Schiffe, © Marem), S. 83 (Wimpel, © m_yulia), S. 84, 97 und 109 (Schmetterling, © dina_arno), S. 84 (Erdbeere, © dina_arno), S. 87 (Nikolaus, © cruffpics), S. 88 (Engel, © dina_arno), S. 93 (Totenkopf, © yur4ak), S. 94 (Dinosaurier, © Blanca), S. 100 (Schneeflocke, © senoldo), S. 102 (Fledermäuse, © Konovalov Pavel), S. 103 (Fledermaus, © casaltamoiola), 104/105 (Knochen, © Oculo), S. 112/113 (Bordüre, © herzform), S. 114 (Münder, © dina_arno), S. 114 (Bananen, © sellingpix), S. 116 (Geist, © casaltamoiola), S. 118 (Tatzen, © shama65), S. 123 (Löffel, © herzform), S. 126 (Kakteen, © andròmina), S. 126 und 127 (Vögel, © Erica Guilane-Nachez), S. 127 (Palmen, © andròmina), S. 127 (Sonne, © ann_precious), S. 128 (Rahmen, © VRD)